BIBLIOTHÈQUE
DU
MOUVEMENT SOCIAL
IV

VICTOR GRIFFUELHES

L'Action

Syndicaliste

PARIS
LIBRAIRIE DES SCIENCES POLITIQUES & SOCIALES
MARCEL RIVIÈRE
31, rue Jacob

BIBLIOTHÈQUE
du
MOUVEMENT SOCIALISTE
IV

VICTOR GRIFFUELHES

L'Action Syndicaliste

PARIS
LIBRAIRIE DES SCIENCES POLITIQUES & SOCIALES
Marcel RIVIÈRE
3o, rue Jacob

1908

AVANT-PROPOS

La Bibliothèque du *Mouvement Socialiste* réunit ici, dans un but de propagande, quelques articles publiés par moi, au cours de ces dernières années. Les uns sont reproduits en entier, d'autres n'ont fourni que des extraits. Mais les uns et les autres peuvent peut-être former un ensemble susceptible de traduire en partie l'esprit et le caractère du mouvement ouvrier.

Je dis mouvement ouvrier, tout court, sans lui donner une épithète qui n'aurait pour but que de renfermer l'action ouvrière dans les limites d'une morale ou dans les cadres d'une conception dépendant d'une politique quelconque.

On assiste, en effet, aujourd'hui, à un curieux spectacle. Les uns s'efforcent de rattacher les origines du mouvement ouvrier actuel aux principes posés par la conception anarchiste ; les autres s'appliquent, au contraire, à les trouver dans la conception socialiste, — je veux dire dans la conception anarchiste et la conception socialiste telles que la tradition et l'histoire de ces trente dernières années nous les ont fait connaître.

A mon sens, le mouvement ouvrier actuel ne remonte à aucune de ces sources. Il ne se rattache directement à aucune des deux conceptions qui voudraient se le disputer : *il est le résultat d'une longue pratique créée bien plus par les événements que par tels ou tels hommes.* Et cette pratique est loin d'avoir eu une marche régulière : les incohérences la caractérisent, les contradictions la jalonnent. Et il en est ainsi, parce qu'elle n'est pas le produit d'une action exercée en vertu seulement de principes, mais d'une vie chaque jour renouvelée et modifiée.

Voilà la vérité : la vie ouvrière s'est renouvelée et

modifiée par un perpétuel mouvement auquel ont pris part des hommes animés de conceptions philosophiques différentes. L'action ouvrière est comme la terre tournant autour du soleil. La gravitation s'opère par suite d'un mouvement que la terre fait sur elle-même : c'est dans le mouvement quotidien que l'action ouvrière se développe et marque ses progrès. Ces progrès ne sont par conséquent pas, à mes yeux, l'expression d'une science ou d'une formule, mais la résultante d'efforts continus.

La grosse difficulté pour un mouvement ainsi compris est de créer une vie syndicale profonde. Et cette création ne se réalise pas en essayant de ramener les événements et les faits à une théorie donnée, mais au contraire en s'efforçant de les diriger pour les orienter vers des fins brièvement énoncées.

Il est vrai que les disputes recommencent à propos de ces fins. Elles seront, disent les uns, dans une société sans gouvernement et sans autorité ; elles seront, disent les autres, dans une société gouvernée et dirigée. Qui a raison des uns ou des autres ? Je ne me charge pas de le dire. J'attends pour être fixé d'être de retour du voyage qui m'aura permis d'aller constater *de visu*.

Polémiquer à l'infini sur le système le meilleur est agréable, — mais pour celui seulement qui, ne prenant directement aucune part à la lutte de la classe ouvrière, juge de très haut et de très loin. Car s'il est toujours facile de formuler des théories, il est plus malaisé de les mettre en pratique.

Les phases traversées par la pratique ouvrière peuvent se ramener à trois. Ces trois périodes ont été caractérisées par des réactions contre des tentatives ou des expériences diverses.

La première va de 1873 à 1886 (ces dates n'ont évidemment pour moi qu'un caractère indicatif). Les syndicats créés au lendemain de la Commune sont imprégnés de l'esprit corporativiste et mutualiste. Et dans les premiers Congrès ouvriers, l'esprit socialiste, — je ne dis pas politique — et l'esprit corporativiste sont aux prises. Le triomphe reste au premier. *La suprématie appartient au parti politique*, dont les divisions arrêtent vite le développement des syndicats. Ceux-ci deviennent les vassaux des différentes fractions socialistes, qui attachent à l'action syndicale une importance fort variable. Les guesdistes veulent faire des syndicats des *Comités électoraux* chargés de fournir au parti ses effectifs en hommes et en argent; ils se constituent leurs directeurs de conscience. En opposition, les possibilistes, qui vont se diviser à leur tour, laissent aux syndicats une certaine autonomie. Par la suite, les allemanistes attacheront plus d'importance à l'action syndicale qu'à l'action politique, et par leurs efforts prépareront le terrain au syndicalisme.

La lutte se poursuit, avec, comme plate-forme, l'idée de grève générale, entre les éléments soucieux uniquement de mener une action politique et ceux-là qui sont désireux de donner la première place à l'action syndicale. Mais, tandis que les premiers sont guidés par des idées générales exposées par des intellectuels, les seconds composés presque entièrement d'ouvriers, apportent dans leur attitude plus de tempérament que de conception. Il y a chez eux un sentiment d'opposition brutale à la bourgeoisie, il n'y a pas de préoccupation rattachée à un plan préconçu et à une théorie d'ensemble. Ces militants veulent *farouchement* être menés par des ouvriers. *Ils sont pour l'indépendance des syndicats, mais ils ne sont pas pour l'indépendance du mouvement syndical.*

N'empêche que le travail fait par les syndicats animés de l'esprit allemaniste a permis plus tard de créer un mouvement autonome et indépendant. Sans la besogne des possibilistes, qui créèrent la Bourse de Paris, et sans celle des allemanistes, la *Fédération des Bourses* n'aurait pu être créée en 1892. Et leur œuvre rendit possible, en 1895, la constitution de la *Confédération Générale du Travail*.

Parce qu'ils manquaient d'idées générales, les allemanistes étaient loin d'entrevoir la force ouvrière que
pouvaient devenir un jour ces deux organismes nationaux : la Fédération des Bourses et la Confédération du
Travail. Quelques rares esprits, cependant, ne s'y étaient
pas mépris. L'un d'eux devait apporter toute son activité à une œuvre théorique dont il ne reste presque
rien ; d'autres voyaient dans la création de l'unité organique des syndicats un puissant moyen d'action et de
lutte. Cette seconde phase — qui va de 1886 jusque
vers 1899 — a été ainsi marquée par *la réaction de la
classe ouvrière contre l'influence déprimante de l'action
politique sur les syndicats.*

Des années vont s'écouler. Il y aura bien, dans les
milieux syndicaux, une vie théorique, toute intellec-
tuelle, à laquelle prennent part quelques militants.
Mais il faut autre chose pour donner à l'organisation
créée l'élan et la vigueur qui lui font encore défaut. Ce
sera l'œuvre de la troisième phase, qui s'affirme par *la
réaction des syndicats contre la démocratie.*
Le pouvoir s'efforce d'attirer à lui le mouvement
syndical, qui, surtout à Paris, par suite de l'approche
de l'Exposition de 1900, a grandi. Les manœuvres em-
ployées pour cette œuvre de corruption ouvrière sont
nombreuses et variées, et ce n'est pas le moment de les
énumérer. Je le ferai un jour prochain.
Le gouvernement espère arriver, par la main-mise
sur les syndicats, à opposer la classe ouvrière groupée
économiquement à la classe ouvrière groupée politique-
ment, et par la suite devenir le maître absolu, grâce à
une série de mesures législatives, de l'action syndicale.
L'œuvre est hardie et tentante. Elle n'est pas au-dessus de l'esprit politique de Waldeck-Rousseau. Mais —
car il y a un mais — ces manœuvres et ces tentatives de
subordination ne tardent pas à provoquer un mouvement de répulsion chez beaucoup de militants. Un bloc
d'opposition ouvrière se constitue, et, le développement
syndical, le milieu et les circonstances aidant, il va

infuser à l'organisme anémié le sang nouveau qui lui donnera la santé et la force.

La classe ouvrière est dès lors secouée jusque dans ses profondeurs et un accroissement ininterrompu d'efforts quotidiens se constate dès ce moment. Les grèves augmentent, leur caractère se précise, leur importance grandit. Et la vie qui en résulte va s'intensifier par une pratique et une action incessantes, jetant dans la lutte des travailleurs longtemps déçus, qui entraînent avec eux des corporations nouvelles et des éléments nouveaux.

Cette vie agissante rejette naturellement au loin un tas de formules, de solutions spéculatives et abstraites, et elle va placer au premier plan, après les avoir extraits des milieux ouvriers, *les moyens de lutte qui sont du domaine exclusif de la classe des travailleurs*. Mais ces moyens de lutte, à peine indiqués, apparaissent chaotiques, parce qu'inorganisés, incohérents parce que mal perçus encore et partant mal exposés.

C'est l'action qui permettra aux militants de mieux concevoir l'usage de ces moyens de lutte ; elle les obligera à mieux les préciser ; et les comprenant davantage, chacun d'eux sera plus apte à les faire connaître. Je dis faire connaître, non qu'il s'agisse *d'enseigner* des modes d'action, mais parce qu'il faut bien exposer et leur raison d'être, c'est-à-dire leur origine, et leur justification, c'est-à-dire leur emploi. Le rôle du militant n'est-il pas de tirer de la pratique ouvrière une indication donnant à son activité le relief et l'autorité qu'elle exige ?

C'est ainsi que j'ai été amené à écrire les articles qui vont suivre.

Il y a dix, huit, six ans, il m'eût été absolument impossible de les écrire avec la faible précision qu'ils contiennent. Ouvrier j'étais, ayant puisé dans une existence souvent fort difficile, dans des privations multiples, le *désir* d'y mettre fin ; salarié j'étais, ayant à subir l'exploitation du patron, et souhaitant ardemment d'y échapper. Mais ces désirs et ces souhaits ne pouvaient se concrétiser en une action continue qu'avec le concours des autres hommes astreints au même sort que moi. Et j'ai été au syndicat, pour y lutter contre le patronat, instrument direct de mon asservissement, et contre l'Etat, défenseur naturel, parce que bénéficiaire, du patronat. C'est au syndicat que j'ai puisé toute ma force d'action et c'est là que mes idées ont commencé à se préciser.

Puis, le mouvement syndical a crû rapidement. C'est poussé par nos intérêts qu'à travers mille difficultés, nous autres travailleurs, nous avons ainsi péniblement créé de plus en plus des syndicats ouvriers pour une lutte et des fins révolutionnaires ; c'est non moins péniblement que nous avons constitué un organisme syndical indépendant de tous les partis, et qu'ensuite nous avons pu assurer au mouvement qui en est résulté logiquement, l'indépendance et l'autonomie.

De la combinaison ou de l'enchaînement, si l'on préfère, de toutes ces choses est né le syndicalisme. Il s'est traduit par des formes de lutte, dont le caractère s'est précisé au fur et à mesure que la classe ouvrière agissait. Mais — et c'est à dessein que je le répète — *cette action n'a pas été, encore une fois, commandée par des formules et des affirmations théoriques quelconques.* Elle n'a pas été davantage une manifestation se déroulant selon un plan prévu par nous d'avance. Je ne saurais trop insister sur ce fait qu'elle a simplement consisté en *une série d'efforts quotidiens, rattachés aux efforts de la veille, non par une continuité rigoureuse, mais uniquement par l'ambiance et par l'état d'esprit régnant dans la classe ouvrière.*

C'est ainsi que la période d'agitation relative à la suppression des bureaux de placement payants ne fut une action généralisée et amplifiée que parce que greffée sur une action particulière, à laquelle les circonstances — coïncidant avec la poussée syndicale — donnèrent seules sa surprenante extension. De même, la propagande pour la réduction des heures de travail put acquérir l'ampleur traduite par le mouvement de mai 1906, non seulement parce qu'elle fut l'expression de volontés hardies, mais parce qu'elle correspondait surtout à un état de croissance syndicale, et que l'ardeur combative qui en résultait avait besoin de s'extérioriser.

J'ai rappelé, entre autres, ces deux périodes, parce qu'elles donnent la caractéristique exacte du mouvement ouvrier actuel : ce qui va suivre n'est que l'expression de *l'action syndicaliste* ainsi comprise, sous l'influence de la pratique et de la vie.

8 Décembre 1907.

I

LE SYNDICALISME (1)

I. *La Question sociale*

La situation faite dans la société capitaliste à l'ouvrier moderne est pénible et douloureuse. Il est astreint, pour vivre, aux plus durs travaux, sans en retirer la moindre satisfaction. Il est le créateur de la richesse sociale, et de cette richesse il ne profite pas. Ce sont, au contraire, les hommes qui ne la créent pas qui en sont les seuls bénéficiaires.

En d'autres termes, cette situation se définit ainsi : d'un côté, le producteur mis dans l'impossibilité de consommer, de l'autre côté, le non-producteur mis dans la possibilité de bien consommer. Le non-producteur ne peut donc consommer pleinement que parce que le producteur ne peut le faire ; le privilège de l'un est fait de la misère de l'autre. Pour mieux dire, le non-producteur, c'est-à-dire le patron, le capitaliste, ne peut prolonger l'existence de ses prérogatives qu'en maintenant asservi le producteur, c'est-à-dire l'ouvrier.

II. *Les deux méthodes : lutte ou conciliation ?*

L'ouvrier veut naturellement acquérir un mieux-être. Mais, pour y parvenir, il lui faut se grouper, afin d'obtenir de son patron les satisfactions nécessaires. Et, comme ce dernier ne les lui donnera pas de bon gré, l'ouvrier est contraint de lutter. Cette lutte de l'ouvrier doit donc s'exercer contre le patron ; elle doit, en augmentant la puissance du travailleur, tendre à diminuer le

(1) Conférence organisée, le 29 juillet 1904, par *la Jeunesse Syndicaliste* de Paris.

privilège du patron. Il y a là deux adversaires irréductibles en présence, qui doivent se combattre jusqu'au moment où les chocs successifs auront fait disparaître les causes de la lutte : l'exploitation et l'asservissement des travailleurs.

Pour nous, syndicalistes révolutionnaires, la lutte repose, non sur des sentiments, mais sur des intérêts et des besoins. Telle est la conception qui nous guide dans notre mouvement. Nous nous séparons de ceux qui, comme les syndicalistes réformistes, veulent combiner les efforts ouvriers et les efforts patronaux pour assurer des avantages communs, lesquels ne peuvent s'obtenir que sur le dos du consommateur, et par conséquent sur le dos de l'ouvrier, celui-ci étant consommateur. En notre milieu social actuel, l'ouvrier produit parce qu'il lui faut consommer, c'est-à-dire que, pour être à même de calmer sa faim et de parer à ses premiers appétits, le travailleur est obligé de produire.

La question ouvrière est posée par nous, syndicalistes révolutionnaires, de la façon suivante : lutter contre le patronat pour obtenir de lui, et à son désavantage, toujours plus d'améliorations, en nous acheminant vers la suppression de l'exploitation. Pour les camarades syndicalistes réformistes, avec lesquels nous sommes en opposition, la même question ouvrière se pose comme suit : se grouper pour établir une entente avec le patronat, ayant pour but de lui démontrer la nécessité d'accorder quelques satisfactions, n'entamant en rien le privilège patronal. Cette dernière façon de procéder nous amène loin du but que nous nous assignons !

Voyons, en effet, où tendent les efforts de ces camarades. Le journal des jaunes nous l'apprend.

Parlant d'un livre paru récemment, intitulé *l'Ouvrier*, et préfacé par un conseiller prud'homme ouvrier, le journal jaune reproduit des passages fort suggestifs que, naturellement, il approuve fort. Voici ce que dit cet ouvrage, patronné par le ministère du commerce :

La *carrière* d'un ouvrier ne s'enferme pas, égoïste, entre les quatre murs de l'atelier où il travaille. Elle réclame d'être un *échange* de services, de bons procédés, d'offices, de dévouement avec son patron et ses camarades. Elle demande, de sa part, du *cœur*, du *courage*, de la *bonne volonté*.

Plus loin, il est dit :

Goûter la joie là où elle se trouve réellement, c'est-à-dire dans la douce philosophie qui sait juger suffisant le bonheur que l'on possède en attendant, s'il est possible, de le rendre plus grand.

Voyons encore :

Ce petit livre est un ami qui rêve de voir tous les hommes s'adonner au travail manuel, et, le pays empli de l'activité des haches, des marteaux, des limes, des charrues, travaillant dans la prospérité et dans la paix, pour la *famille*, la *cité*, la *patrie*, l'*humanité*.

On conviendra que des commentaires sont inutiles. Ces extraits suffisent. On comprend, à cette lecture, pourquoi des patrons se sentent rassurés, et pourquoi il en est qui accordent de *légères* améliorations, et pourquoi il devient peu dangereux d'occuper des ouvriers organisés ! Car l'ouvrage dont il s'agit s'est donné pour tâche d'amener au syndicat les jeunes gens. Le journal jaune se rend bien compte qu'un tel enseignement n'a rien de contraire aux intérêts patronaux, et il conclut en émettant une juste appréciation : « L'auteur a su réunir dans ce petit volume les *renseignements* et les *conseils* qui font de son œuvre le catéchisme de l'ouvrier. »

Écoutons encore la fin d'un discours de l'homme qui a introduit la corruption dans les milieux ouvriers. A Arras, devant le Congrès d'hygiène sociale, l'ancien ministre du commerce Millerand a terminé par les paroles suivantes : « A une heure où tant de sujets de discorde nous assiègent, n'est-ce pas faire œuvre bonne et méritoire que chercher à fonder sur l'amélioration des conditions de la vie humaine, par l'union des cœurs et des consciences, la *paix française ?* »

Mais il y a mieux. Le *Bulletin de l'Office du travail* de

décembre 1903, résumant les travaux du *Conseil supérieur du travail* de la session de 1903, contient une proposition de M. Fontaine et de Keufer sur le *délai-congé*, qui fut adoptée *à l'unanimité des votants* :

Attendu qu'il résulte, tant de l'enquête faite par le ministre du Commerce, que des observations particulières de chacun, que le délai-congé est un usage général et traditionnel en matière de résiliation de contrat de louage de service ou de travail à durée indéterminée, est d'avis : que cet usage est fondé sur l'intérêt individuel réciproque des contractants, sur l'intérêt collectif des groupes professionnels et sur l'intérêt général de l'industrie et du commerce, qu'il répond à une *nécessité d'ordre public et de paix sociale.*

Voilà des documents que nous fournissent un instituteur, un ministre « socialiste » et une assemblée comprenant des représentants des groupements ouvriers. Ces divers textes tendent au même objet : concilier et unir des éléments contraires. La négation du « droit ouvrier » en est l'aboutissant logique.

A ce « travail en commun » et à cette entente, nous opposons *la lutte*, peut-être moins « avantageuse » et moins « profitable ». A ce contact permanent et régulier, nous opposons un groupement autonome. Nous donnons, en un mot, à l'organisation, le caractère provoqué, non par nous, mais par les conditions imposées par le régime capitaliste aux travailleurs.

Ces conditions sont dictées par le patronat, avec l'appui du pouvoir, qui en est l'émanation et le représentant. Les faits sont là, qui montrent le rôle de l'État en faveur des exploiteurs. Et c'est parce que les faits sont indiscutables et connus qu'il suffit d'affirmer le caractère *indépendant* que nous voulons donner à l'action ouvrière. En dehors du patronat et contre lui, en dehors du gouvernement et contre lui, le mouvement syndical doit librement se développer et agir.

III. *L'Organisation autonome de la classe ouvrière*

La croissance du mouvement devait forcément faire surgir des combinaisons et des manœuvres, toutes dirigées vers l'atténuation de notre action révolutionnaire.

Les conflits devenant plus nombreux et se produisant en dehors de toute considération patronale et gouvernementale, parce qu'ils sont des produits naturels, ont fait naître un tas de projets, qui, sous une apparence libérale, sont inutiles ou dangereux. On voudrait, pour diminuer le nombre des conflits ou pour en atténuer le caractère, instituer toute une réglementation compliquée et d'un maniement difficile. Avec elle, les grèves régularisées, d'un mécanisme lent, perdraient de leur acuité d'abord, pour disparaître ensuite. On espère parvenir à tirer d'un organisme social plein d'irrégularités, d'incohérences et de chocs, des manifestations se déroulant selon un cadre défini et étroit. On a l'illusion de vouloir modeler les faits qui meurtrissent l'ouvrier, en réduire les effets, en les faisant passer à travers des formalités procédurières, pour les rendre supportables au travailleur, au grand bénéfice de la « paix sociale ».

Ceux qui raisonnent ainsi font preuve d'une profonde ignorance des questions ouvrières. La vie du travailleur, image de la vie de l'atelier, est trop complexe et diverse pour se prêter à une réglementation arbitraire. Les souffrances, pas plus que les peines, ne peuvent se doser au point de les rendre moins vives sous un amas de complications, tirées des formes parlementaires.

C'est par la force que la bourgeoisie impose ses volontés et ses caprices, c'est par la force qu'elle maintient son exploitation. Le monde social repose uniquement sur la force, il vit de la force et il porte la force en lui-même. Il lui faut par conséquent créer la force et obliger ceux qu'il assujettit à utiliser la force. L'autorité patronale est faite de violence, et seule la force peut la supprimer. Et cela, non pas parce que la force peut plaire, mais parce qu'elle est imposée par les conditions qui président à la lutte ouvrière.

Je citerai une opinion à retenir d'un membre de l'Institut, pour appuyer cette constatation. Pour justifier le mouvement jaune, il écrit : « Il suffit de signaler que, devant le nombre croissant et le caractère toujours

plus aigu des grèves, la très grande majorité des esprits
sensés voit avec plaisir se constituer les éléments d'un
parti ouvrier modérateur. En même temps, tout le
monde reconnaît que la question sociale, mise un peu
trop violemment sur le tapis, s'impose à l'attention publique, et pour le moment prime n'importe quelle autre.
Il n'est plus possible de la méconnaître et de l'écarter,
ainsi qu'on l'a fait si longtemps. »

Jaurès, au sujet des incidents de Cluses, écrivait, après
avoir essayé de montrer la nécessité de la réglementation pour créer la « vie mécanique » : « Il convient
d'instituer par la loi un système de garanties sans
lequel la lutte de classe, au lieu de se résoudre en
harmonie socialiste, par une série de transactions,
s'exaspèrera jusqu'au délire du meurtre patronal, comme
à Cluses, ou jusqu'à de sanglantes représailles ouvrières. »

L'article qui contient ces lignes, dégagé de la phra-
séologie simpliste et du rêve qu'il expose, affirme la
nécessité de la force. Sans doute, la réglementation
indiquée tend à en éviter, d'après l'auteur, l'emploi ;
mais comme tout s'oppose à cette réglementation, l'affirmation reste entière.

Mais cette force que nous trouvons dans l'organisation de lutte, doit se manifester sous l'impulsion des
intéressés. C'est aux ouvriers qu'il appartient de con-
duire leur propre action, puisqu'elle a pour but de
défendre et de sauvegarder leurs intérêts. Sur ce point
encore, nous nous différencions de nos contradicteurs.
Nous disons que l'organisation étant provoquée par la
situation misérable du travailleur, ne devant comprendre
que des salariés, doit être maniée par les seuls ouvriers
pour des fins spécifiquement ouvrières. Toute considération n'ayant pas ces fins doit nous rester étrangère ; en un
mot, la question ouvrière doit primer toute autre. Pour
cela, les militants ne doivent jamais subordonner l'action ouvrière aux forces sociales qui s'agitent autour
d'eux. Et ce résultat ne peut être atteint que si la classe
ouvrière constitue un organisme formé par elle et ayant

pour unique tâche de lutter pour ses intérêts. Cet organisme, à notre avis, doit échapper à toute influence
étrangère, soit qu'elle émane des possédants, soit qu'elle
émane du pouvoir ; il doit comprendre les institutions
et les services qui répondent à chacun des besoins du
travailleur ; il doit se suffire, pour n'emprunter qu'aux
éléments qu'il comprend la force d'agir et de s'imposer.

Cette conception n'est pas seulement la nôtre : d'autres
la partagent. Lagardelle écrivait dans *Pages libres*,
en 1902 :

Le socialisme d'État tend, au contraire, à étendre le
domaine des institutions administratives existantes, à développer le champ d'action des rouages mêmes de la société
présente, et non à lui substituer des organismes nouveaux,
de formation purement ouvrière.

De ce point de vue, le ministérialisme fausse l'esprit des
masses. Il déplace le centre de gravité de leur action : il
enlève au prolétariat toute confiance en lui-même, lui fait
tout espérer de l'action providentielle de l'État, et l'intéresse
seulement au maintien ou au renversement du personnel
gouvernemental. Autant le socialisme révolutionnaire est une
doctrine de combat et d'énergie, n'attendant rien que des
efforts conscients du prolétariat lui-même, autant le socialisme d'État est un principe de lassitude et de faiblesse,
espérant réaliser par l'intervention extérieure du pouvoir ce
que l'action personnelle ne peut atteindre. Le premier doit
se développer dans les pays à large et pleine vie industrielle ;
le second est le produit de nations en décadence économique, de peuples anémiés et vieillis..

. . . .

Le mot d'ordre de tous les socialistes soucieux de maintenir intangible la vertu révolutionnaire des institutions
autonomes du prolétariat contre les débordements du socialisme d'État, c'est encore la vieille parole de l'Internationale :
« L'émancipation des travailleurs doit être l'œuvre des travailleurs eux-mêmes. »

Lauche, des mécaniciens, écrit lui-même dans la *Voix
du Peuple*, au sujet de l'attitude des gouvernementaux
à l'égard du projet de loi relatif aux retraites ouvrières :

Les syndicats rejettent loin d'eux tous les éléments dissol-

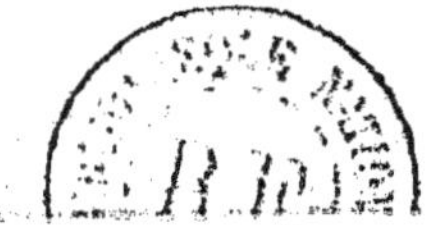

vants et continueront leur marche en avant, sans préoccupations politiques et gouvernementales d'aucune sorte.

C'est ce besoin d'autonomie et d'indépendance qui
nous fait repousser toutes les institutions que les gou-
vernements ont créées, parce qu'elles ont un but suspect. Ces institutions déplacent notre action en la
mettant sous la tutelle du pouvoir. Avec elles, l'organisation ouvrière deviendrait un organisme de l'État,
tandis que nous voulons créer en face de l'État bourgeois une organisation appelée à lutter contre lui et
contre les forces qu'il représente.

IV. *Danger et stérilité des institutions gouvernementales.*

Parmi ces institutions gouvernementales, il y a le
Conseil supérieur du travail et les *Conseils du travail.*
Voyons ce qu'ils ont donné et ce qu'ils peuvent donner.
La grosse besogne du C. S. T. a consisté à élaborer
un projet relativement à l'apprentissage. Ce projet veut
établir des conditions nouvelles rendant l'apprentissage
obligatoire. Or, l'apprentissage devient de moins en
moins nécessaire. Les qualités techniques de l'ouvrier
sont de plus en plus secondaires. Les métiers disparais-
sent ; le travailleur devient, d'artisan qu'il a été, une
machine. De plus, ce projet de loi veut limiter le
nombre d'apprentis, et cela est impossible.
Un court instant, nous avons cru à cette possibilité,
mais un examen de la réalité nous a montré la naïveté
de cette mesure. Aujourd'hui, dans presque toutes les
corporations, le nombre des ouvriers est trop élevé ;
les chômeurs augmentent dans des proportions énormes,
et vouloir limiter le nombre des apprentis pour chaque
corporation, c'est empêcher une grande quantité de
jeunes gens de travailler, de gagner leur pain. Cette
limitation appliquée dans quelques corporations, rejet-
terait dans d'autres tous les futurs ouvriers, et si partout elle était appliquée, que ferait la jeunesse ? Mise
dans l'impossibilité de travailler, cette jeunesse serait,
par la volonté des ouvriers adultes, réduite à la plus

hideuse situation. La limitation est ainsi impossible parce qu'il y a trop de bras réduits à travailler ; elle est contraire à l'intérêt ouvrier, car après une certaine période, elle créerait une classe d'ouvriers qualifiés dont les avantages seraient faits d'une plus grande misère des non qualifiés.

Le C. S. T. a également étudié la question prud'homale et depuis, par deux fois successives, le Sénat a refusé, à certaines catégories de salariés, le bénéfice de cette juridiction.

Tel est le bilan de cet organisme gouvernemental : pour ce qui est de l'apprentissage, sa besogne est anti-ouvrière ; pour ce qui est de la prud'homie, il n'a rien produit.

Les *Conseils du Travail,* de leur côté, n'ont aucun pouvoir. Le Conseil d'Etat vient, par un jugement récent, de le déclarer.

Voici les attendus :

Considérant que les Conseils du Travail sont essentiellement des organes d'information, *qu'ils ne sont investis d'aucun pouvoir* propre de décision... que *leurs avis ne sont pas obligatoires...*

Considérant que, si les Conseils du Travail sont chargés d'établir dans chaque région un tableau constatant le taux normal des salaires et la durée courante de la journée de travail...

Ce tableau n'est qu'un nouvel élément d'information *et ne change rien* aux attributions des administrations publiques.

Ces attendus, on en conviendra, se passent de commentaires.

Enfin le danger des Conseils du Travail n'est pas moins grand que leur stérilité : il s'agit de faire œuvre de *paix sociale,* d'empêcher la lutte des classes, de prévenir tout conflit, en apportant les méthodes de conciliation parlementaire dans la vie ouvrière.

V. *Les Grèves.*

Longtemps, dans les milieux ouvriers, on a considéré les *grèves* comme néfastes. Ce n'est pas notre avis.

Pour nous, elles apparaissent comme nécessaires. D'abord parce qu'elles forment les travailleurs et les disposent pour la lutte ; elles habituent la classe ouvrière à l'action et à la défense de ses intérêts. De plus, les grèves donnent des résultats, relatifs sans doute, mais qui n'en sont pas moins réels.

Parlant des grèves en Allemagne, l'*Humanité* relatait récemment que, pour l'année 1903, les syndicats allemands ont dépensé en secours de grève la somme de 5.600.000 francs ; mais le journal oublie l'essentiel en ne nous donnant pas le nombre de résultats obtenus dans ce pays. L'importance des secours distribués ne saurait effacer le manque de résultats. La grève n'a pas pour but de permettre cette distribution de secours, elle a pour objet de faire accorder à des ouvriers des améliorations.

En France, les secours répartis sont bien moins élevés, et cependant les résultats sont supérieurs à ceux obtenus en Allemagne. La preuve nous en a été donnée même par le journal *Le Temps*, peu suspect de sympathie à notre égard.

Les ouvriers anglais triomphent dans leurs grèves dans une moyenne de 31 p. 100, et 21 p. 100 se terminent par des transactions ; les Allemands obtiennent 22 p. 100 de succès et 32 p. 100 de transactions ; les Autrichiens ont 19 p. 100 de victoires et 30 p. 100 de transactions ; les Belges sur 76 grèves obtiennent gain de cause dans 8 ; chez nous, il y a une moyenne de 25 p. 100 de succès et 35 p. 100 de transactions.

Ainsi, la France vient après l'Angleterre et avant l'Allemagne. Il est donc inutile de faire luire les millions distribués !

La statistique des grèves donnée par l'Office du Travail français, relève, de 1890 à 1901, un total de 5.625 grèves, se classifiant ainsi :

1.330 réussites ;
1.867 transactions ;
2.422 échecs.

Par conséquent, sur ces 5.625 grèves, il y a eu, comme échecs complets, *moins de la moitié* des conflits, soit : 2.422 défavorables aux ouvriers contre 3.197 favorables — une transaction donnant évidemment des avantages aux ouvriers.

Si nous prenons les gains et les pertes des salaires, nous trouvons,—d'après M. Fontaine qui, dans *Grèves et Conciliations,* se basant sur ce que l'année 1895 peut être tenue pour année moyenne de grèves, a établi un calcul, supputé sur 300 jours de travail, des gains et des pertes de salaires, conséquence des grèves — les chiffres suivants :

	Perte de salaires.	Gain.
En cas de réussite........	120.000 fr.	700.000 fr.
— de transaction ...	600.000	1.200.000
— d'échecs complets.	600.000	
	1.320.000 fr.	2.000.000 fr.

Voilà des chiffres qui montrent qu'en France la lutte donne des résultats, malgré la pénurie des caisses syndicales. C'est parce que l'argent ne suffit pas à lui seul pour donner le succès ! Il faut l'*esprit de lutte* qui se développe chez nous et qui manque presque totalement à l'étranger.

Nous disons que l'argent ne suffit pas, parce que ces chiffres nous le prouvent, et qu'ensuite, nous connaissons des grèves qui ont été des défaites ouvrières, malgré que le secours donné ait été de 3 fr. 50 à 4 francs par jour.

On le voit, en dépit des défauts qui nous sont propres, nous savons lutter. On en trouve une nouvelle preuve dans la croissance du mouvement syndical qui est suscitée par les conflits et par la propagande, et c'est pourquoi nous estimons les grèves nécessaires.

Cette nécessité nous amène en outre à faire la *propagande antimilitariste,* qui s'impose non seulement parce que nous sommes les négateurs de la patrie, mais parce que le soldat a pour fonction de défendre le patron contre l'ouvrier. Rendre les jeunes gens antimilitaristes, c'est nous rendre sympathiques les baïonnettes de demain.

La croissance dont nous venons de parler se constate encore par l'entrée en ligne de nouvelles corporations. Les boulangers, les limonadiers, tous les ouvriers de l'alimentation en un mot, et les paysans, jusqu'ici réfractaires à l'organisation, s'agitent et ont su par leur énergie s'imposer à l'opinion publique et à leurs patrons. C'est là un indice nouveau du développement de la lutte ouvrière.

Ce développement de la lutte demande à être accéléré par nous, et nous y parvenons en nous opposant à toute réforme qui n'a pas pour résultat d'augmenter la puissance d'action ouvrière. Toute « réforme » qui tend à diminuer l'esprit de lutte, est combattue par nous. C'est ainsi que nous sommes les adversaires irréductibles des projets de loi de MM. Waldeck-Rousseau et Millerand sur la capacité commerciale des syndicats et sur l'arbitrage obligatoire.

Et en voulant établir un choix parmi les réformes qui peuvent être offertes aux travailleurs, nous ne nous montrons nullement des partisans du « tout ou rien », comme on se plaît à le prétendre. Il est des modifications à l'état de choses existant que nous ne repoussons que parce que, par leur insuffisance, elles sont un *trompe l'œil* et une comédie. En cela, nous restons moins exigeants que ceux qui voudraient nous faire passer pour des partisans du « tout ou rien ». C'est ainsi que les ouvriers des manufactures de tabacs, qui réclament une retraite de 720 francs par an pour les hommes et de 540 francs pour les femmes, à cinquante-cinq ans d'âge, nous reprochent d'être des partisans du « tout ou rien », pour ne pas nous contenter d'une promesse de retraite de 360 francs par an après trente ans de versement. Les travailleurs de la ville de Paris réclament la retraite égale à la moitié du salaire (ce qui fait 900 francs au minimum pour atteindre 1.200 francs et plus), après 25 ans de services (services militaire et administratif antérieurs compris).

Si ces camarades, qui se classent parmi nos contradicteurs, sont logiques en demandant des retraites aux taux mentionnés, pourquoi serions-nous partisans du « tout ou rien » ? Parce que la retraite promise de 360 francs ne nous satisfait pas ?

Nous connaissons aussi tel militant qui déclare qu'aux ouvriers de l'État la journée de huit heures est légitimement due, tandis que, pour ceux de l'industrie privée, laisser la journée à dix heures est suffisant !

On voudra admettre qu'être traités de partisans du « tout ou rien » par les camarades formulant les points précités, c'est plutôt bizarre, et que leur accusation agitée avec tant de fureur et dressée sur nos têtes comme un anathème, perd beaucoup de son bien-fondé, et se retournerait, si une telle critique était justifiée, contre leurs auteurs.

VI. *L'Action directe*

Il est un mot qui suscite bien des discussions. On s'est plû à lui donner une définition mensongère, et on l'a agité comme un épouvantail. L'*action directe*, par la bouche de nos contradicteurs, a subi une déformation exagérée, qu'il convient de redresser. Il appartient, en effet, à ceux qui ont lancé ce mot de le définir.

Action directe veut dire action des ouvriers eux-mêmes, c'est-à-dire action directement exercée par les intéressés. C'est le travailleur qui accomplit lui-même son effort ; il l'exerce personnellement sur les puissances qui le dominent, pour obtenir d'elles les avantages réclamés. Par l'*action directe*, l'ouvrier crée lui-même sa lutte ; c'est lui qui la conduit, décidé à ne pas s'en rapporter à d'autres qu'à lui-même du soin de le libérer.

Et comme les définitions théoriques ne suffisent pas pour montrer ce que nous entendons par *action directe*, il faut citer en exemple l'agitation faite en France pour la libération du capitaine Dreyfus. Si on eût attendu du seul effet de la légalité cette libération, il est certain

qu'elle ne serait pas un fait accompli. C'est grâce à une
agitation, par une campagne de presse, par meetings,
réunions, manifestions, démonstrations dans la rue qui
furent, en quelques circonstances, des massacres, que
l'opinion publique fut saisie et que fut préparée une disposition d'esprit favorable à la cause du forçat. C'est la
foule soulevée qui fit pression sur les pouvoirs consti-
tués, et la lourde machine judiciaire, mise en mouvement, rendit à la liberté le capitaine. Chacun a trop
présent à l'esprit cette période d'agitation pour s'y
attarder.

C'est à la suite d'une agitation moins vaste, mais de
même caractère, que les pouvoirs ont attenté au droit
de propriété des placeurs, en permettant la suppression du privilège de placement.

L'attitude du Sénat au sujet de l'extension de la juridiction prud'homale à toutes les catégories de salariés,
montre encore la valeur de l'action directe. Rappelons
ce fait, trop peu cité.

En juillet 1903, les organisations des Employés pla-
cardaient sur les murs de Paris un appel à la corporation, qui disait :

Ayez confiance !

Les Employés demandent des juges ! La Chambre s'est
inspirée de leurs vœux ; elle a adopté, à la presque unanimité, un projet de loi accordant aux employés la juridiction
des prud'hommes.

Ce projet est actuellement au Sénat. M. le ministre du
Commerce l'a défendu dans un discours documenté, dont
voici la péroraison....

. . . .

Il est impossible que ce langage ne soit pas *approuvé du
Sénat républicain.*

Employés, ayez confiance !

Renoncez à des manifestations intempestives qui seraient
exploitées par les partis de réaction et compromettraient
notre cause. *C'est par notre sagesse qu'il faut faire appel à la
sagesse du Sénat.*

A ce langage si sage et si... républicain, le Sénat répondit par un acte démocratique et... républicain. Fin octobre, il refusait la prud'homie à ces salariés. Et ce refus était opposé au moment où la Chambre votait la suppression des bureaux de placement. Cependant, il faut le répéter, celle-ci constituait un attentat (bien anodin, sans doute) à la propriété ; la question prud'homale n'était qu'une *extension* d'une juridiction établie.

Trois mois après, le Sénat renouvelait, par un deuxième vote, à une plus forte majorité que la première fois, son refus. Devant cette obstination, les Employés lançaient l'appel suivant :

En refusant aux employés du commerce et de l'industrie la juridiction des prud'hommes, le Sénat a trompé la confiance que le prolétariat des bureaux et des magasins avait mise en son esprit républicain. Protester contre son vote réactionnaire s'impose à nous comme un devoir.

Mais la protestation, qu'il appartient à chacune de vos organisations corporatives de faire retentir, resterait vaine si elle n'était suivie d'une action énergique.

A cette action vous devez convier, pour un effort solidaire, nos camarades ouvriers. Ce ne sont pas seulement nos droits qui ont été méconnus, ce sont aussi leurs droits qui ont été menacés par les attaques dont l'institution même des prud'hommes a été l'objet de la part des réacteurs du Luxembourg.

Ils ont osé invoquer contre nous et contre tous les travailleurs les principes de la Révolution. Quelle audace et quelle impudence ! Croient-ils donc que vous avez oublié l'histoire des luttes soutenues pour la défense de nos droits ? Et qui donc, sinon les hommes de 1789 et de 1793, a proclamé le plus énergiquement le droit des citoyens à être jugés par leurs pairs, le principe de l'élection des magistrats ?

C'est à une énergique campagne de protestation et d'action que vous appelle la Fédération nationale des Employés. Le succès prochain est encore possible : il dépend de votre résolution et de votre ténacité. La violence serait dangereuse pour notre cause, mais l'inaction et le silence lui seraient mortels. Par tous les moyens en votre pouvoir et

sur tous les terrains de propagande, manifestez votre volonté, affirmez votre droit.

Employés du commerce et de l'industrie,

En vous refusant la juridiction des prud'hommes, le Sénat
a commis contre vous un déni de justice. Votre Fédération
nationale ne se laissera décourager par aucun obstacle,
désarmer par aucune habileté. Forte de votre appui, elle ne
cessera le combat que lorsque la justice vous aura été assu-
rée par la complète victoire de vos revendications.

Il y a une différence entre les deux appels. Le second
déclare l'action indispensable et énergique ; c'est là ce
que signifie *action directe*.

Pour finir sur ce point, voici une appréciation, qui
suit la reproduction d'un passage d'un rapide exposé
de Sembat au Parlement sur ce qu'est l'*action directe* :
elle est de Pouget :

Eh oui ! Voilà ce qu'est l'*action directe*... Elle est une manifestation de la conscience et de la volonté ouvrières ; elle
peut avoir des allures bénévoles et très pacifiques, et aussi
des allures vigoureuses et violentes... Cela dépend des circonstances.

Mais, en un cas comme dans l'autre, elle est de l'action
révolutionnaire parce qu'elle n'a cure de la légalité bour-
geoise et que sa tendance est d'obtenir des améliorations
qui réalisent une diminution des privilèges bourgeois.

VII. *Conclusion*

L'action ouvrière pour nous n'est donc qu'une manifestation continue de nos efforts. Nous disons que
la lutte doit être de tous les jours et que son exercice
appartient aux intéressés. Il y a, par conséquent, à nos
yeux, une pratique journalière, qui va chaque jour
grandissant, jusqu'au moment où, parvenue à un degré
de puissance supérieur, elle se transformera en une
conflagration que nous dénommons grève générale, et
qui sera la révolution sociale.

II

LA GRÈVE GÉNÉRALE (¹)

1º *La grève générale et ses adversaires socialistes.*

La rapidité avec laquelle l'idée de grève générale s'est répandue dans les milieux ouvriers témoigne de sa force de pénétration. Cependant, les adversaires de cette forme d'action sont encore nombreux chez ceux-là qui se réclament des idées d'émancipation sociale.

Tandis que les défenseurs de notre état social croient à l'éventualité d'une lutte se manifestant par la cessation complète du travail, des partisans d'une transformation sociale s'en proclament les adversaires !

En effet, les propagandistes de l'idée de grève générale sont traités de rêveurs, d'utopistes, de fous, par des citoyens... traités comme tels, de leur côté, par les conservateurs bourgeois, pour vouloir bouleverser l'ordre de choses actuel. Or, les partisans du moyen d'action qu'est la grève générale veulent, eux aussi, ce même bouleversement ! C'est là une constatation quelque peu choquante.

Néanmoins, l'obstruction ouverte ou déguisée n'a pas arrêté la propagation de l'idée de grève générale, puisque chaque jour lui amène de nouvelles adhésions. Ce qui le montre, c'est que les faits ne manquent pas d'obliger, même les plus hostiles, à utiliser cette forme de lutte. N'empêche qu'après l'avoir employée, on s'en déclare l'adversaire... malgré qu'on se dispose à y recourir à nouveau.

Les motifs de cette nouvelle contradiction ne sauraient échapper à l'observateur impartial qui se garde de les

(1) Réponse à l'Enquête du *Mouvement Socialiste* (nᵒˢ 137-138 de juin et juillet 1904).

faire siens. Et pour cause ! J'aurais voulu marquer les raisons cette attitude, mais ce serait compliquer cette Enquête.

Je me bornerai, à ce début, à répéter que la grève générale apparaît de plus en plus comme un puissant outil pour la lutte ouvrière. Les manifestations de grève générale se renouvellent avec une intensité que les premiers propagandistes n'avaient pu prévoir et qui dénotent l'impossibilité, pour nos adversaires, d'en arrêter ou d'en paralyser le grand essor.

Que les capitalistes affirment le caractère insensé de la grève générale, tout en prenant leurs dispositions pour en annihiler les effets, c'est leur droit et c'est leur intérêt ! Mais que des lutteurs du mouvement social s'obstinent à ne pas croire à sa possibilité, voilà qui est faire montre d'un réel aveuglement, préparant à ceux qui en sont victimes, de cruelles déceptions.

Si je ne me trompe, cette Enquête a pour but, non de faire œuvre de vulgarisation, mais de vaincre des résistances et des appréhensions, ou de dissiper des erreurs.

On conviendra qu'il est difficile, sinon impossible, de convaincre des socialistes qui ont, à mon sens, le grave tort de vouloir vivre une époque disparue, tant il est vrai que les faits évoluent avec une plus grande célérité que les cerveaux humains.

A un moment donné, on formule un dogme, et on croit aisément que les hommes, en se mouvant, ont toujours présentes à l'esprit les « vérités » proclamées pour s'en inspirer ; on est persuadé que les événements vont leur train, suivant le tracé défini en vertu d'une orthodoxie rigoureuse et étroite. Puis les faits passent, les hommes se succèdent, et on assiste étonné — on pourrait dire naïf — au bouleversement de ces formules que, bien intentionné, on a créées. On ne se rend pas compte de la transformation qui s'est opérée, et durant que les autres marchent et s'agitent, on reste sur place, l'œil obstinément fixé sur le dogme, l'esprit toujours porté sur la même préoccupation : la formule établie.

Enregistrer la vie douloureuse du prolétariat assujetti par les possédants, dont l'expression politique est le pouvoir central, est bien ; assigner comme tâche la conquête de ce pouvoir, pour en retourner les effets, est insuffisant. A se cantonner dans ces vues, on finit par « retarder », et on passe à côté de moyens d'action qui ne sont que la condensation d'efforts nécessaires et la forme de lutte adéquate à nos milieux sociaux.

La conquête du pouvoir est nécessaire dans l'esprit de beaucoup de camarades, et pour y parvenir ils veulent créer les cadres d'une organisation s'exerçant en vue de cette conquête. Cette organisation ne peut comprendre logiquement que les individus qui reconnaissent les antagonismes de classe en les matérialisant organiquement. Cette organisation en parti politique, contre laquelle je n'ai pas à m'élever, repose simplement sur une concordance d'idées, puisqu'elle peut grouper des hommes économiquement adversaires. Cependant cette coopération est admissible, le mouvement ouvrier étant assez vaste et assez souple pour ne pas rejeter les concours qui s'offrent. Il n'en est pas moins vrai que cette coopération a eu, à de certaines périodes, des effets désastreux.

2º La grève générale et le mouvement syndical.

Le citoyen Edouard Berth me permettra de faire miennes les conclusions d'un article paru dans le *Mouvement Socialiste* (avril 1904) : C'est dans l'idée de la grève générale qu'est contenue peut-être toute l'essence révolutionnaire du socialisme. Rien de plus exact. Quels que soient les désirs et les formules, il existe une organisation spécifiquement ouvrière, reposant sur une concordance de besoins, qui tend à créer une concordance d'idées. Et cette organisation, qu'on appelle le mouvement syndical, n'est que la représentation de l'atelier et de l'usine. Elle comprend des hommes vivant dans les mêmes conditions, courbés sous des règles identiques.

Si la vie ouvrière s'exerce et s'alimente à l'atelier et à l'usine, le mouvement syndical en est l'expression.

Les préoccupations intimes du travailleur, provoquées par les conditions de travail qui lui sont faites chez le patron et dont il constate les durs effets dans son foyer, trouvent leur tribune et leur écho dans le syndicat.

Et malgré les défauts de ces groupements — défauts qu'en grande partie l'on pourrait attribuer à la fausse éducation sociale donnée à l'ouvrier — ils sont bien l'émanation, je dirai la physionomie de la vie ouvrière, dont l'organisation politique peut s'inspirer, sans la pouvoir représenter.

Aujourd'hui, nul ne songe et nul n'oserait contester la nécessité du mouvement syndical, mais on voudrait limiter son effort en le subordonnant à des forces extérieures, alors qu'on devrait reconnaître qu'à un mouvement qui va croissant, il faut des moyens d'action tirés des formes mêmes du groupement qui le produit.

Il est aisé de se rendre compte que la grève générale surgit des formes du groupement syndical et de l'orientation qui s'en dégage. Le développement des organes ouvriers l'indique, leur évolution le montre. Certes, le nombre des syndicats, en ces dernières années, n'a pas augmenté outre mesure. En revanche, et c'est ce qui est symptomatique, le besoin éprouvé par ces syndicats de se grouper dans leur Bourse du Travail et dans leur Fédération nationale corporative prouve bien que le côté égoïste, qui, pour d'aucuns, constituait le caractère fondamental du syndicat, disparaît, ou pour parler plus exactement, que la conscience ouvrière dont la première notion s'affirmait dans le syndicat, se précise en se développant.

Ces organismes, en annihilant le caractère strictement professionnel de chacun de leurs éléments, les appellent à une vie sociale plus élevée ; cette vie doit se faire jour pour se développer, et c'est dans des manifestations de lutte qu'elle prend corps et se matérialise.

Et comme il ne suffit pas à ces organismes de créer une vie sociale qui nivelle les consciences et engendre l'action, ils se rapprochent et se mêlent à leur tour. Ce contact et ce mélange constituent un mouvement ouvrier en France dont on ne saurait nier l'importance.

Cette importance n'échappe pas à nos adversaires. Les dirigeants, effrayés d'un mouvement qui déborde, voudraient le tuer en lui attribuant la formation d'un complot contre la sûreté de l'Etat. En province, les ordres sont donnés pour chercher les traces d'une organisation qui, de Paris, à leurs yeux, commande et dirige. Si des éléments étaient recueillis, on instruirait contre les militants, et on espère que le mouvement, décapité, serait mort pour longtemps.

Les gouvernants, qui croient que le mouvement ouvrier s'exerce en vertu de formules et de résolutions, se trompent lourdement. La vie ouvrière est trop complexe dans ses manifestations de détail, — dont la conception et l'esprit sont cependant communs, — pour se prêter aux inepties des dirigeants. Et ce qui amène ces derniers à croire à un organisme rigoureux, automatique et directeur, c'est l'effroi que leur cause une cessation générale du travail. Ils escomptent une lutte gigantesque, et, connaissant l'esprit révolutionnaire qui l'animerait, ils sont décidés à prendre les devants en arrêtant tout.

C'est en prévision de cette éventualité qu'un plan de mobilisation a été établi au ministère de la Guerre. En cas de grève générale, porte ce plan, tel officier d'Epinal devra se rendre au Creusot, etc...

Et voilà que, alors que les capitalistes s'arment en vue de cette échéance, des socialistes estiment que la grève générale est utopique !

3° *La portée de la grève générale.*

Je ne puis mieux faire que de me placer derrière cette définition si nette et si claire, que contient une communication du syndicat des maçons de Reims, parue dans la *Voix du Peuple*, organe de la *Confédération générale du Travail*, du 8 mai 1904. Rendant compte d'une causerie, il est dit : « Passant en revue les questions portées à l'ordre du jour du Congrès de Vichy, Guyot

explique que la grève générale ne peut être que la Révolution elle-même, car, comprise autrement, elle ne
serait qu'une nouvelle duperie. Des grèves générales
corporatives ou régionales la précèderont et la prépareront. »

On ne peut mieux dire et, entre gens qui veulent
comprendre, cette définition devrait suffire.

Dans les milieux ouvriers, c'est ainsi qu'on présente
la grève générale. Certes, il a été un temps où on la
montrait sous un autre aspect, où on lui donnait un
caractère différent, mais il faut convenir que rien ne
fut tenté, en se prêtant à une discussion sans réserve,
pour préciser cette idée. De plus, la conscience ouvrière
était loin d'être ce qu'elle est aujourd'hui ; et puis,
c'était plutôt la définition d'une idée théorique résumant des aspirations, qu'une interprétation de faits telle
qu'on l'envisage actuellement.

La grève générale est le refus des producteurs de travailler pour procurer jouissance et satisfaction aux non-
producteurs ; elle est l'explosion consciente des efforts
ouvriers en vue de la transformation sociale ; elle est
l'aboutissant logique de l'action constante du prolétariat en mal d'émancipation ; elle est la multiplication
des luttes soutenues contre le patronat. Elle implique
comme acte final un sens très développé de la lutte et
une pratique supérieure de l'action. Elle est une étape
de l'évolution marquée et précipitée par des soubre-
sauts, qui, comme le dit Guyot dans l'ordre du jour
plus haut rapporté, seront des grèves générales corporatives.

Ces dernières constituent la gymnastique nécessaire,
de même que les grandes manœuvres sont la gymnastique de la guerre.

On n'attend pas de moi l'explication détaillée du
mouvement final, pas plus que des actions généralisées
des corporations, que, pour l'instant, je ne puis prévoir.
Je ne veux nullement jouer au prophète, en traçant un
plan qui assignerait à chaque homme la place qu'il
devra occuper. Que, du haut d'un septième ciel, on

s'amuse à poser des jalons sur une carte représentant le monde social, voilà qui n'est pas de mon goût.

Tout mouvement révolutionnaire n'a donné que ce que la classe opprimée du moment a conçu et a sû prendre. La révolution, entrevue par tous, et que le monde ouvrier appelle grève générale, sera, elle aussi, ce que le travailleur l'aura conçue et saura la créer. L'action se déroulera selon le degré de conscience de l'ouvrier, et selon l'expérience et le sens de la lutte qu'il se sera donnés.

Comme cette action devra s'exercer contre des forces multiples et variées, comme elle devra réagir contre des courants divers, ce ne seront pas des décisions uniformes et étroites qui seront applicables. Il appartiendra au travailleur d'adapter au milieu d'alors et aux éléments contraires les armes que les circonstances mettront à sa portée.

La grève générale, dans son expression dernière, n'est pas pour les milieux ouvriers le simple arrêt des bras ; elle est la prise de possession des richesses sociales mises en valeur par les corporations, en l'espèce les syndicats, au profit de tous. Cette grève générale, ou révolution, sera violente ou pacifique selon les résistances à vaincre. Elle sera la totalisation des efforts des producteurs sous l'impulsion des groupements ouvriers.

Mais nous n'entendons pas fixer le jour ni l'époque qui mettra aux prises salariés et salariants. Il appartient à nulle force humaine de l'indiquer.

Le mouvement naîtra des circonstances, d'une mentalité ouvrière plus élevée, à la hauteur des événements qui porteront en eux-mêmes les éléments de généralisation.

Les éléments de généralisation se définissent par le rôle joué dans la production par telle ou telle industrie, entraînant la mise en action d'une autre industrie, dont les effets iront se répercutant sur d'autres branches de l'activité humaine.

On objectera que tout cela dénote un degré supérieur d'organisation, qu'il n'est pas possible de mettre en mouvement au même jour la classe ouvrière en totalité. Je répondrai d'abord que nous ne prétendons nullement qu'un point de départ peut ne pas être commun à tous les travailleurs ; nous ne disons pas que cela ne peut pas se produire. Nous nous inspirons des contingences sociales et nous disons que, de même, la conquête légalitaire du pouvoir ne saurait impliquer, pour ceux qui s'hypnotisent devant elle, l'entrée totale d'élus ouvriers au Parlement. Ceux-là disent que la majorité suffira pour transformer l'état social. La conquête révolutionnaire du pouvoir également ne saurait non plus être l'acte unanime du pays. De part et d'autre, il y aura des gens entraînés malgré eux et subissant le résultat de cette conquête. Et j'espère bien que les uns et les autres raisonnent ainsi, car autrement ils pourraient attendre l'an 50.000.

Il nous est donc permis, à nous aussi, de dire que les travailleurs organisés de certaines industries s'agiteront sous l'empire de préoccupations données, obligeant d'autres corporations à les suivre.

La révolution, quel que soit son stimulant, ne saura être acceptée par tous. Une minorité, que nos efforts incessants de propagande et d'action tendent à grossir, suscitera le mouvement révolutionnaire dont la nécessité apparaît à chacun.

Une plus forte éducation sociale, une grande expérience dans la lutte, une profonde connaissance du milieu social sont autant de conditions nécessaires. Pour les acquérir, l'action s'impose. Par l'étude des conditions du travail, l'ouvrier apprend à connaître le milieu qui l'asservit ; par l'effort en vue de les améliorer, il prend un contact direct avec les forces qui le dominent et il éprouve leur degré de résistance. Ainsi, son esprit d'observation et d'examen s'affine ; il se donne les éléments indispensables pour se diriger lui-même ; il contribue à donner à l'action du monde ouvrier une place et une autorité croissantes.

Chacun reconnaît l'urgence pour le prolétaire de tra-

vailler à accroître ses moyens d'existence, ce qui augmente d'autant sa force de combativité et son avidité
pour plus de réformes. En se groupant l'ouvrier exerce
un effort, et c'est dans la pratique de cet effort qu'il
parvient à l'intensifier. Et c'est par cette intensité, suscitant une croissance de vie, que la classe ouvrière se
libérera du monde capitaliste.

4° *La grève générale et la pratique.*

Le but du travailleur est son émancipation, l'outil est
le groupement, le moyen est la lutte. L'action ouvrière
se donne comme but l'émancipation ouvrière ; elle se
donne comme outil le syndicat, et comme moyen la
grève, qui est la lutte portée à son maximum d'acuité.
Dé là, le recours, pour un résultat matériel et moral, à
la grève. Et s'il a été un temps où la grève partielle, pour
certains, était condamnable, parce qu'elle détournait, à
leurs yeux, l'attention de l'ouvrier de l'idée de grève
générale, il n'en est pas de même aujourd'hui. Alors
que l'on opposait la grève, manifestation de l'atelier et
de l'usine, à la grève générale, manifestation de la vie
sociale, à présent on considère que l'une et l'autre procèdent du même esprit : la résistance et l'obtention de
réformes. La grève générale est le complément amplifié
du désir prolétarien pour plus de mieux-être. On ne
peut donc pas les opposer l'une à l'autre. Toutes
deux sont maniées par l'ouvrier pour les mêmes fins :
l'émancipation des travailleurs.

Cela est si bien compris, qu'aux luttes particulières
tendent à succéder des luttes à caractère généralisé.
Dès qu'une maison est en grève, immédiatement l'objectif est d'étendre cette grève aux autres maisons. Il
est arrivé que la vie de toute une ville était arrêtée,
non pas seulement parce que l'esprit de solidarité s'est
développé, mais parce que la connexité des corporations
éclate plus nettement, ce qui crée la communauté d'efforts dans la résistance.

Ces dernières années, il nous a été donné de voir des
mouvements passer par ces différentes phases. Mar-

seille, en particulier, a été le théâtre d'événements de cette nature.

A côté de la grève générale localisée, il y a la grève générale corporative. Celle-là a pour objet la conquête d'une réforme précise. Les réformes à obtenir sont d'ordre différent. Tantôt la classe ouvrière peut se dresser pour imposer au patronat telle ou telle revendication, tantôt elle peut se lever pour exiger des dirigeants telle ou telle réforme. Dans l'un comme dans l'autre cas, c'est le travailleur accomplissant lui-même son effort pour son avantage propre. C'est l'application de la maxime de l'Internationale : l'émancipation des travailleurs sera l'œuvre des travailleurs eux-mêmes.

La grève nationale corporative des mineurs, en octobre 1902, prouve que cette forme de mouvement est possible. Il est inutile d'indiquer les raisons qui amenèrent son insuccès. Elles ne sont pas dues à la forme de la lutte.

Les Belges, par deux fois, ont utilisé la grève générale pour l'obtention du suffrage universel, et malgré l'insuccès de la deuxième que j'ai analysé ailleurs en son temps, ils paraissent décidés à l'employer une fois de plus.

Les Suédois, à qui elle a déjà si bien réussi, se préparent à une nouvelle mise en mouvement.

Les Hongrois, récemment, malgré la propagande hostile à l'idée de grève générale, y ont eu recours, et c'est parce qu'elle a été exercée par des gens qu'une éducation n'avait pas préparés, que le mouvement a avorté. Et si elle eut duré deux jours de plus, la grève s'étendait à tout le pays. Mais telle qu'elle, elle n'en contient pas moins un profond enseignement.

On peut répondre, en effet, que les résultats apportés par ces mouvements ne sont pas des plus probants. A côté des satisfactions enregistrées, les déboires n'ont pas manqué, admettons-le. Mais pourquoi les Belges et les Suédois, qui ne s'en sont jamais déclarés partisans, sont-ils disposés à renouveler la grève générale ? Sans doute, parce qu'elle constitue pour eux un excellent moyen d'action !

Il y a lieu d'ajouter que la conquête électorale du pouvoir a donné bien des déceptions. Tel siège emporté était perdu peu après, et alors, s'il est vrai que les insuccès doivent faire condamner la forme d'action employée, que devrait-il rester du suffrage universel ? Il m'apparaît clairement qu'il devrait être relégué au magasin des accessoires. Et si des citoyens sont logiques en ne condamnant pas tel moyen d'action dont les défaites ne se comptent plus, pourquoi condamnent-ils tel autre moyen qui n'a pas à son actif plus d'insuccès ?

A tout homme qui s'intéresse au mouvement social et surtout à celui qui y prend part, il est impossible de fermer les yeux à l'évidence.

Le mouvement ouvrier existe. Les manifestations de grève généralisée à caractère strictement prolétarien en sont les produits naturels. En nier l'importance et la signification serait inexplicable de la part de citoyens dont l'unique préoccupation doit être, non pas de vouloir créer les événements selon leurs idées préétablies, mais de les interpréter pour tirer d'eux le maximum d'avantages pour les travailleurs.

Tous ceux qui n'obéissent pas à cette règle ne sauraient prétendre jouer un rôle utile dans le monde ouvrier, car celui-ci passerait au-dessus d'eux. Son ascension logique vers des conditions meilleures de vie, se poursuivrait sans se soucier de leurs gestes désespérés.

III

LE PATRIOTISME (1)

1° *Les diverses conceptions de la patrie*

Selon que l'on est un salarié ou un possédant, on a une conception différente de la patrie. Selon que l'on veut jouer à l'homme d'État ou être un simple citoyen,

(1) Réponse à l'Enquête du *Mouvement socialiste* sur l'*Idée de patrie et la classe ouvrière* (n°ˢ 160 et 161, Août 1905).

on professe des idées diverses sur la patrie. Selon que l'on *vit de,* ou que l'on *paie pour* la patrie, on a de cette entité une opinion divergente. Cela revient à dire qu'il y a autant de conceptions de la patrie qu'il y a de catégories humaines, c'est-à-dire d'intérêts.

L'homme qui vit largement, sans souci du lendemain, peut disserter à son aise, par pure spéculation philosophique, en dillettante, sur le mot de patrie. Mais le salarié, qui vit de son travail — là où il en trouve — ne saurait concevoir la patrie sous le même aspect.

Si, depuis que je suis, je n'avais eu comme préoccupation dominante que de satisfaire mon esprit, peut-être pourrais-je me classer « socialiste patriote-internationaliste ». Mais, au contraire, je n'ai eu comme unique souci que d'assurer la satisfaction de mes premiers besoins matériels. Le théâtre, les arts, la littérature, les spéculations philosophiques, les constructions de systèmes n'ont guère rempli ma vie ; d'abord, parce que trop pauvre, je n'ai pas pu acquérir cette instruction qui en fait apprécier le prix, et ensuite parce que, trop préoccupé de gagner mon pain, je n'aurais eu ni le temps ni la possibilité d'en jouir.

Par conséquent, tout le problème social se pose à moi dans des conditions tirées de mon savoir, de mes moyens d'existence, de mes besoins. Et, comme mon savoir n'est pas celui d'un Jaurès, comme mes moyens d'existence ne sont pas ceux d'un Gérault-Richard, comme mes besoins ne sont pas ceux d'un Schneider, je ne conçois pas l'idée de patrie comme eux.

La patrie, dit-on, est l'ensemble des traditions, le patrimoine d'un peuple ; elle est une portion du sol de notre planète ; elle est le lieu où l'on vit en assurant à notre être les satisfactions nécessaires.

Or, les traditions morales de notre pays et son patrimoine m'échappent, faute de pouvoir les saisir et les comprendre : la moindre parcelle du sol ne m'appartient pas, et la vie qui m'y est faite est loin de réunir les satisfactions indispensables.

Je suis étranger à tout ce qui constitue le rayonnement moral de ma nation, je ne possède rien, je dois vendre mon travail pour faire face à mes besoins les plus stricts. Donc, rien de ce qui, pour certains, forme une patrie n'existe pour moi. Je ne puis pas être patriote.

Pourquoi serais-je patriote? Pour défendre ce fameux patrimoine moral, nos libertés? Mais de chaque côté des frontières, chaque peuple parle de son patrimoine moral.

C'est donc qu'il peut y avoir différents patrimoines, c'est donc que le patrimoine moral de l'Allemagne n'est pas formé des éléments du même ordre que celui de la France. Cependant, l'Allemagne a donné Koch, la France a donné Pasteur; la première se réclame de ses savants, la seconde de ses philosophes. Et Koch, et Pasteur, et les savants, et les philosophes ont tous travaillé pour le progrès humain. En réalité, il n'y a pas un patrimoine national, il y a un patrimoine social; il n'y a pas un génie particulier, il y a un génie humain, expression des connaissances établies par les hommes de tous les pays.

Veut-on dire que la différence des mœurs, des langues justifie l'existence des patries? Mais en France, les mœurs du Nord ne sont pas celles du Midi, ni celles de Bretagne; la langue du Midi n'est pas celle du Nord, ni celle de Bretagne. Ils sont encore nombreux les méridionaux et les bretons qui ne savent pas parler le français.

Si on prétend que les frontières marquent des intérêts différents, il est aisé de répondre qu'en France il y a autant d'intérêts qu'il y a de régions. La discussion sur le régime des boissons et la crise viticole en est un exemple. Des hommes, que les idées politiques confondent, se trouvent sur ce point être des adversaires.

Je pourrais dire qu'il en est de même dans toutes les questions d'ordre économique. Le betteravier du Nord demande une grande consommation de sucre, le viticulteur du Midi veut la restreindre. En Allemagne, le même phénomène se constate. Les milieux agraires sont rarement d'accord sur les questions économiques avec les milieux industriels. Néanmoins, betteraviers, viticulteurs, agrariens et industriels s'entendent toujours pour se protéger contre les revendications ouvrières.

Non ! la patrie n'est pas la réunion d'intérêts identiques. La production outrancière et désordonnée de notre milieu social ne permet pas d'affirmer et de prouver cette identité.

2° *La patrie et les libertés politiques*

Nos libertés ? Admettons qu'elles soient plus étendues que celles dont jouissent d'autres peuples, l'Allemagne notamment. Dans les polémiques occasionnées par les déclarations prolétariennes d'Hervé, on a montré le spectre menaçant de la réactionnaire Allemagne, alliée à l'autocrate Russie, jetant ses armées sur nos frontières, pour étouffer nos libertés. Notre intérêt, ont dit les Jaurès, les Gérault-Richard et autres, est de nous dresser pour la défense de ces libertés.

Donc, le patriotisme de cette manière consiste à sauvegarder les droits acquis. Ceux-ci ne peuvent être menacés que par les pays ne les possédant pas. L'Allemagne, a-t-on déclaré, est de ceux-là. Par conséquent, si demain la France « démocratique » se jetait sur l'Allemagne pour lui apporter nos libertés, il serait du devoir des socialistes allemands de refuser leur concours à la bourgeoisie de leur pays. Que dis-je ! Ils devraient s'allier à la France pour vaincre leurs dirigeants, afin d'établir ces libertés, reconnues par eux si nécessaires. Et cependant, les chefs de la social-démocratie allemande proclament leur ferme intention de défendre leur pays contre *toute* invasion. Qu'est-ce que cela veut dire ? sinon que les arguments invoqués partent d'un sentiment stupide ou intéressé. Les travailleurs ne peuvent être intéressés, puisqu'ils payent les frais de la guerre, et ils ne doivent pas être stupides.

S'il est indispensable de défendre les libertés, il faut dire que tous les peuples doivent tendre à les posséder. Autrement dit, tout pays ne jouissant pas de libertés ne saurait se défendre contre une invasion. En l'état actuel des choses et d'après ce qui ressort de ces polémiques, l'Angleterre et la France seulement pourraient être patriotes, puisqu'elles sont les deux grands pays libéraux de l'Europe. C'est ce que n'ont pas dit les patriotes internationalistes, malgré que ce soit la conséquence de leur raisonnement.

Et ils n'ont pas dit cela, parce que leur attitude est loin d'être inspirée par les mobiles avoués.

3° *La patrie et la classe ouvrière*

Il faut, dit-on, défendre le sol de la patrie ! Je n'y vois pas d'inconvénient. Mais à condition que les défenseurs soient les propriétaires de ce sol. Or, les faits nous disent que c'est le prolétaire, qui, comme toujours, est appelé à défendre le sol, malgré qu'il n'en possède aucune parcelle.

Durant que les possédants seraient confortablement installés dans leurs demeures, au milieu des leurs, les travailleurs iraient se faire tuer pour la défense de ces demeures, après avoir laissé leur famille dans la misère. L'intérêt ouvrier ne saurait indéfiniment se concilier avec un tel rôle !

L'intérêt ouvrier est tiré de la situation faite au travailleur, et c'est celle-ci qu'il faut établir. Le prolétaire est attaché au milieu où il est né, où il a grandi, mais il ne peut l'être que par le souvenir. Dès qu'il a l'âge d'homme, il est le plus souvent contraint de s'éloigner, allant à la recherche d'un travail qui le fera vivre. Il s'éloigne parce que la besogne vient à manquer ou parce que, désireux d'améliorer son sort, il a osé réclamer un meilleur salaire. En retour, il est congédié par son patron qui le signale à ses confrères. Il doit fuir le milieu qui l'a vu naître, courir les villes, quémandant de l'ouvrage. Il s'arrête là où un atelier ou un chantier lui est ouvert. Il s'installe, il travaille, il vit, il se fait un foyer, il élève sa famille. Là est sa patrie ! A-t-il, dans sa course vagabonde et incertaine, traversé une « frontière » ? Qu'importe ! Il a quitté un lieu devenu inhospitalier, pour aller dans l'inconnu, jusqu'au moment où il a trouvé à vendre son travail.

On sait enfin combien l'idée de patrie est maintenue, exploitée par les dirigeants pour justifier l'existence d'une armée dont le rôle s'est affirmé dans les mouvements ouvriers de ces derniers temps : on sait quelle est l'entente internationale des dirigeants et des capitalistes, pour une plus intense exploitation du travailleur. Il serait donc oiseux de ma part de m'arrêter sur ces divers aspects de la question, que tout le monde a présents devant les yeux.

J'ai voulu dire que *le prolétaire ne peut avoir de patrie. Il ne peut être patriote.*

Les défenseurs du patriotisme trouveront ces lignes peu nobles, dénotant un esprit mesquin, puisqu'elles ramènent les questions qui passionnent les « grands » esprits à un point de vue matériel et partant trop étroit.

Que ceux-là abandonnent leurs privilèges et descendent dans la mine ou rentrent, pour de longues heures, dans les usines, ou bien qu'ils montent sur les échafaudages, exposés aux durs rayons d'un soleil d'été, ou à la bise d'un hiver rigoureux. Qu'ils gagnent leur pain par le travail pénible et dur de chaque jour. Ils verront ensuite combien il leur sera facile de spéculer en des hauteurs que le vulgaire ne peut atteindre.

Il est si commode de philosopher sur l'idée de patrie, lorsqu'on vient d'encaisser des rentes facilement gagnées, ou qu'on sort de chez le notaire signer l'acte d'acquisition d'un château seigneurial.

IV

LES SYNDICATS ET LE PARTI SOCIALISTE [1]

1º *Les guesdistes et l'action syndicale*

La question des rapports du mouvement syndical et du parti socialiste, qui semblait à jamais disparue de l'ordre du jour des congrès ouvriers, y fut réintroduite au congrès d'Amiens (octobre 1906), par la Fédération du Textile, sous l'inspiration des guesdistes. Le texte proposé par le Textile ne disait rien de net par lui-même, et on n'en aurait soupçonné l'intention, si, de son côté, la Fédération socialiste du Nord n'avait demandé que la même question fut inscrite à l'ordre du jour du congrès du parti socialiste à Limoges. C'étaient, en fait, les mêmes hommes qui, se trouvant dans les deux organisations, avaient pris cette double initiative. Mais le texte de la Fédération socialiste avait sur celui de la Fédération textile l'avantage de parler clairement.

La Fédération socialiste du Nord définissait à sa façon l'action politique et l'action syndicale. Celle-ci ne serait qu'une des formes de celle-là. L'action syndicale, étant essentiellement réformiste, doit se subordonner à l'action politique, essentiellement révolutionnaire. D'où, pour le syndicat, la nécessité, l'obligation même, de par son caractère, de s'inspirer du comité socialiste. Cette thèse bizarre, contraire aux événements de ces dernières années, dénotait une étrange conception.

Nous savions que, pour les militants du Nord, l'action syndicale était secondaire. Le vote du même Congrès textile, qui avait pris la résolution en discussion, sur le Conseil supérieur du travail, l'avait montré. A la presque unanimité, le Congrès avait déclaré que cette institution gouvernementale rend des services à la classe ouvrière,

[1] Cette étude reproduit quelques extraits d'articles parus à des dates diverses dans *l'Humanité.*

en vertu du même principe dont se réclamait le ministre Millerand. La classe ouvrière, disaient les militants du Nord, doit *pénétrer* partout où il y a possibilité de défendre les intérêts des travailleurs ; le socialisme doit *pénétrer* partout où il y a possibilité de défendre les intérêts ouvriers, disaient Millerand et tous ses amis. Cependant, les militants du Nord contestaient le bien fondé de la collaboration des classes au sein du gouvernement, tout en prônant cette même collaboration au sein d'un rouage gouvernemental.

Adversaires du gouvernement sur le terrain politique, serviteurs du gouvernement sur le terrain syndical, telle est la formule permettant de définir la théorie syndicale des militants du Nord. A cette théorie, nous opposions la nôtre : *adversaires de l'État et de toutes ses institutions au point de vue politique, adversaires de l'État et de toutes ses institutions au point de vue syndical.*

Il serait difficile de concevoir deux thèses plus inconciliables. Tandis que les guesdistes demandaient de subordonner les syndicats au parti, nous voulions l'autonomie et l'indépendance du syndicat ! Le syndicat, on ne saurait trop le répéter, ne groupe que des *travailleurs,* parce que *salariés,* pour les opposer au patron. Là, seulement, réside *la véritable lutte de classe* : rien ne l'atténue ni ne l'amoindrit. Au contraire, dans le comité politique, se réunissent *ouvriers et patrons* : tel le personnel et le directeur de l'usine des Cirages français de Saint-Ouen. Ensemble, ils collaborent à une œuvre commune qui, pour être commune, doit sauvegarder les intérêts du plus fort et, partant, sacrifier les intérêts ouvriers. Et c'est là la supériorité du bourgeois, assez habile de faire litière des préjugés de son milieu, de faire montre de libres façons et de tenir un langage banal qui demain s'imposerait au sein du syndicat.

De la sorte, l'action syndicale, représentation exacte des antagonismes sociaux, passerait, parce que « réformiste », après l'action politique, se distinguant par des compromissions de toutes sortes, parce que « révolutionnaire ». Etrange renversement des termes !

2° *Avant le Congrès d'Amiens*

Les controverses qui précédèrent le congrès d'Amiens amenèrent les partisans de la subordination des syndicats au parti socialiste de préciser plus encore leurs désirs. Le secrétaire de la Fédération du Textile, Renard, un des plus fidèles lieutenants de Guesde, apporta, dans la discussion, deux affirmations précieuses.

La première disait que tout syndicat doit respecter la légalité, la deuxième mettait en opposition le Conseil supérieur du travail et le moyen d'action spécifiquement prolétarien qu'est la grève générale. La théorie de Renard se ramenait à ceci : *comme citoyen*, on peut être adversaire du gouvernement qui personnifie la légalité, *comme salarié et prolétaire,* on *doit* être pour la légalité.

Voyons ce qu'est la légalité, que Renard voudrait respectée par les syndicats. Pour rester dans la légalité, il faut agir dans le sens du gouvernement, en évoluant dans l'action ouvrière selon le cadre établi par lui. C'est cette conception qui caractérise la politique sociale de Waldeck-Rousseau. C'est en vertu de cette conception qu'il prit Millerand comme ministre. Ensemble, ils allaient tenter, sur une grande échelle, la mise en application d'un plan de politique sociale animé de cette conception : mettre en articles de lois le droit de la pensée, d'organisation, de coalition, en le subordonnant à des formalités compliquées, ayant pour résultat d'en paralyser le libre exercice.

Cet homme d'État connaissait trop les hommes et les choses pour se mettre brutalement en travers de l'évolution sociale : les droits de l'ouvrier, malgré la diversité des résistances, se font jour et se précisent à travers les difficultés et les luttes. Le mouvement ouvrier, dont les bases étaient jetées, promettait de prendre un essor considérable ; en dehors des gouvernants et des possédants, et contre eux, les idées nouvelles germaient et se répandaient.

N'était-il pas préférable, pour les dirigeants, de codifier, sous des apparences libérales, le progrès qui pousse les hommes vers un meilleur avenir, de régler l'usage de ce progrès, en essayant d'en diminuer le courant et d'en amoindrir la force? On sait que ce libéralisme, pas plus que la répression méliniste, n'a atteint son but. Malgré des dissentiments inévitables, le mouvement ouvrier a grandi, et il a grandi *parce qu'il y a eu ce libéralisme corrupteur*, contre lequel il s'est dressé.

La loi de 1884 avait pour but de réglementer, en le paralysant, l'usage du droit d'organisation; elle voulait lui donner un caractère étroit et un rôle limité. De même, la loi sur les associations et la loi sur la séparation ont eu pour but d'enlever à l'Église une partie de sa puissance, et non de permettre l'exercice normal et perfectible de la religion. La loi autorise le syndicat à faire telle ou telle besogne dont le choix appartient au gouvernement et lui interdit telle autre dont le choix lui appartient également. Naturellement, dans ces choix, la bourgeoisie s'est inspirée de ses intérêts et, en établissant un cadre, elle a posé une barrière, espérant qu'elle constituerait une digue la protégeant contre les luttes ouvrières.

Les syndicats, dans leur grande majorité, ont depuis longtemps brisé le cadre de la loi; ils ont dépassé le but assigné par le pouvoir; ils ont lutté et combattu en dépit de la loi, le plus souvent contre l'esprit de la loi. Ils n'ont, à aucun moment, voulu respecter la légalité : ils ont défendu les intérêts ouvriers. En combattant, sont-ils, dans des circonstances, restés dans les attributions légales? C'est à voir. Mais ont-ils lutté sans tenir compte de la légalité, renversant les résistances légales pour ne s'incliner que devant la force? C'est certain. Une illégalité est commise, lorsque les travailleurs en grève emploient tous les moyens pour amener à eux d'autres travailleurs, et ils emploient tous les moyens, non parce qu'ils sont permis ou défendus, mais parce qu'ils leur sont imposés par les conditions mêmes du combat.

Si le gouvernement a voulu, par la loi de 1884, poser une limite aux efforts ouvriers, par le Conseil supérieur du travail, il a voulu, complétant son œuvre, suggérer aux syndicats la nature de leurs efforts. En effet, on ne saurait trop le répéter, le gouvernement arrête l'ordre du jour des travaux du Conseil supérieur du Travail. Nul des membres qui le composent n'a le droit de soumettre un point quelconque à l'étude de ses collègues. L'initiative appartient au pouvoir, et non au Conseil. C'est donc que la besogne de ce Conseil ne peut être que celle choisie et fixée par le gouvernement. Par répercussion, on escomptait que la besogne du Conseil deviendrait la besogne des syndicats, et par là c'était, en cas de réussite, la remise entre les mains des dirigeants du choix de nos efforts. Les syndicats se préoccupant de la prud'homie, parce que cette question était mise à l'ordre du jour du Conseil supérieur du Travail par le ministre, celui-ci devenait l'inspirateur de nos luttes.

Attirer les préoccupations des ouvriers sur le terrain choisi par le gouvernement était insuffisant! La vie ouvrière provoque par son fonctionnement naturel autre chose que la parfaite harmonie et l'entière régularité dans les faits. Les grèves échappaient encore en partie à l'influence du système gouvernemental. Il fallait autre chose! De là, le projet sur l'arbitrage obligatoire et la réglementation des grèves, tendant, par un mécanisme compliqué, à rendre impossible tout conflit. Puis, selon la formule du maître : « Il faut que le capital travaille et que le travail possède », on a parlé de capacité commerciale, afin de faire pénétrer dans les syndicats l'esprit mercantile du négoce.

Limite fixée à l'activité ouvrière, choix remis au pouvoir de la nature de nos efforts, étranglement des conflits, substitution de l'esprit de négoce à l'esprit de lutte, telle eût été la légalité actuelle si les travailleurs s'étaient laissé prendre au libéralisme des dirigeants.

Si, du moins, la légalité était l'expression de la Justice (avec un grand J), nous aurions à voir dans quelle mesure nous lui devons respect et soumission. Dans ce cas, nous aurions à collaborer, patrons et ouvriers, pour faire régner entre nous « l'éternelle Justice ». Mais il n'en est heureusement pas ainsi. La justice, c'est-à-dire la légalité, c'est la raison du plus fort ; c'est à devenir plus forts que les travailleurs doivent tendre. Ils n'y parviendront qu'en faisant litière de la légalité, s'emparant de ce qui peut les servir, combattant ce qui les frappe.

Le plan du maître Waldeck-Rousseau a échoué. Les syndicats se sont insurgés contre la légalité, et ils ont grandi ; ils se sont multipliés, ils ont créé des organismes se superposant pour une meilleure utilisation des efforts de chacun. Tout cela, en dépit de la légalité.

.« Or, le citoyen Renard voulait placer le mouvement syndical sur le terrain légal, but ardemment désiré par les officines du ministère du Commerce et du *Travail*.

Il s'agissait, au fond, en plaçant le syndicat sous la tutelle du Parti, de transformer l'organisation confédérale, *en la transposant sur le terrain de la légalité*. Les syndicats, devenus respectueux de la légalité, agiraient dans le sens de la loi élaborée pour des fins capitalistes, ils deviendraient des rouages collaborant de différentes façons à la besogne du gouvernement, ils en seraient les auxiliaires pour en devenir, n'étant pas les plus forts, les serviteurs. Et les comités politiques deviendraient le tabernacle de la révolution, ou, pour mieux dire, le pouvoir deviendrait le meilleur instrument de la libération ouvrière.

3° *La motion du Congrès d'Amiens*

Le Congrès d'Amiens ne voulut pas entrer dans cette voie et, à la presque unanimité, la proposition du Textile fut repoussée et l'indépendance des syndicats proclamée. Ma tâche se borna, en tant que mandataire confédéral, à défendre le *statu quo*, c'est-à-dire l'absence de tous rapports, tant locaux que centraux. Mon argumentation fut inspirée du souci de n'apporter à l'action confédérale aucun changement. Le Congrès, en adoptant le texte lu par moi, se rallia à ma façon de voir. Il y eut donc confirmation de la pratique confédérale, c'est-à-dire de l'indépendance absolue des syndicats.

Et comment aurait-il pu en être autrement? C'est à notre entière autonomie, disais-je au Congrès, qu'est dû le développement précipité du groupement confédéral. C'est elle qui a fait sa force ; et aliéner cette autonomie — tout rapport avec un parti politique étant une diminution de notre autonomie — ç'aurait été enlever à la C. G. T. son caractère et son originalité. C'est ce que n'avaient pas voulu comprendre les seuls délégués du Textile. On leur avait tellement dit que le parti socialiste contenait toute la doctrine du socialisme ! On leur avait si bien caché — en évitant tout contact entre eux et nous — les tentatives faites, sous l'impulsion de courants d'idées rajeunies et formulées au fur et à mesure que croissait en force et en étendue le mouvement ouvrier, que si le parti ne triomphait pas à Amiens, tout prestige risquait de disparaître. Aussi toute la thèse de Renard avait reposé sur l'action du parti : C'est le parti créant des coopératives, des syndicats, faisant de l'antimilitarisme, aidant les grèves, secourant les travailleurs. Le parti étant tout, ne pouvait pas, ne devait pas être vaincu ! Il le fut pourtant et d'une façon écrasante.

En quoi consiste la résolution du Congrès d'Amiens?

La résolution rappelle et confirme l'article 2 des statuts confédéraux — donc pas de changement sur ce point primordial ; — elle considère que la déclaration contenue dans cet article est une affirmation de la *lutte de classe*, qui « oppose sur le terrain économique les travailleurs en révolte contre toutes les forces d'exploitation et d'oppression, *tant matérielles que morales* ». Voilà pour la partie théorique et fondamentale.

La résolution précise ensuite la besogne quotidienne et de préparation révolutionnaire du syndicalisme, elle indique le rôle du syndicat dans l'avenir. Cette double besogne est imposée à l'ouvrier parce qu'il est salarié ; et pour l'accomplir, il doit appartenir au syndicat. Voilà pour la tâche assignée au salarié lui faisant obligation d'adhérer au syndicat.

Puis le *producteur*, après avoir lutté pour son mieux-être immédiat et travaillé ainsi à préparer un meilleur avenir par la pratique journalière de son effort revendicatif, a le droit, en dehors du syndicat, dit la résolution, de « participer à telles formes de lutte correspondant à sa conception philosophique ou politique ». On lui demande seulement en réciprocité, comme conséquence de sa qualité de *salarié*, de n'apporter dans le syndicat que les préoccupations tirées de cette qualité. Voilà pour la liberté et l'obligation correspondantes du travailleur.

Enfin la résolution déclare : « Qu'afin que le syndicalisme *atteigne son maximum* d'effet, l'action économique doit s'exercer directement contre le patronat, les organisations confédérées n'ayant pas, en tant que groupements syndicaux, à *se préoccuper* des partis et des sectes qui, etc. »

Cette dernière partie est explicite. Les mots « n'ayant pas à *se préoccuper* » sont catégoriques ; si les organisations n'ont pas à *se préoccuper* des partis, elles ne doivent pas établir des rapports, selon les résolutions mêmes du Nord. Le Congrès déclare que les rapports locaux et centraux seraient nuisibles ; il en condamne la pratique parce qu'ils seraient de nature à « affaiblir la signification du mouvement », à « diminuer l'autonomie syndicale », et à « enlever à la C. G. T. le caractère » que cinq ans de pratique lui ont donné.

4° *L'indépendance des syndicats*

Le Congrès socialiste de Limoges, venant après le Congrès syndical d'Amiens, ne put que prendre sagement acte de ses décisions. Et ce fut une nouvelle défaite des guesdistes.

Mais voici que récemment, à la veille du Congrès socialiste de Nancy (août 1907), les adversaires de l'indépendance syndicale ont repris les armes. C'est Guesde lui-même qui a donné le signal. L'état d'esprit tout spécial du citoyen Guesde fait que les actes inspirés d'une conception autre que celle qu'il s'est faite du monde moderne, constituent une *déviation*. L'antimilitarisme, le syndicalisme sont des déviations. Nous sommes des êtres nuisibles, qu'il faut supprimer, afin de ramener l'action syndicale dans « les limites de la société capitaliste ».

Depuis des mois, Guesde était parti en guerre contre le syndicalisme. A Troyes, à Lille, etc., etc., il s'était escrimé tant et plus. Il tempêtait, non seulement parce qu'il n'est pas l'inspirateur du mouvement syndical, mais aussi parce que ce mouvement le gêne. C'est à ses yeux un concurrent du Parti. Il faut donc réduire ses forces en limitant ses progrès. Pour parvenir à ce but, « le Parti doit être maître des syndicats », comme disait André, à Limoges.

« Un syndicat ne doit être ni rouge ni jaune », a dit Guesde. Il aurait pu ajouter, pour compléter sa pensée, « car il ne doit pas être ». En effet, un syndicat qui n'est pas contre le patronat, c'est-à-dire rouge, ou qui n'est pas pour le patronat, c'est-à-dire jaune, que peut-il être ? Il ne saurait exister.

Contre une semblable conception, le Congrès d'Amiens s'était prononcé. Le syndicalisme, en dépit des anathèmes, entend vivre et agir. Le Congrès de Limoges, pour des raisons différentes, avait été d'un avis identique. Mais la majorité y fut peu forte. De là, l'espérance chez l'ancien Parti Ouvrier Français de triompher au Congrès de Nancy.

Si vraiment le parti guesdiste était animé d'excellents sentiments à l'égard de l'organisation ouvrière, il aurait, comme premier souci, celui de ne pas lui contester le droit de disposer d'elle-même. Que veut-il ? Un contact, un mélange, « en concertant et en combinant » les efforts. Pour cela, il faut que les deux parties acceptent, se mettent d'accord. Or, l'organisation ouvrière a dit, à Amiens, « non ». Et le Congrès socialiste de Limoges a pris acte.

En conséquence, le fait de poser à nouveau cette

question, c'était dire que l'opinion, l'avis, l'acceptation de l'organisation syndicale sont quantité négligeable. Ce qui importe, c'est le sentiment du Parti. Comme on voit, les procédés de Guesde montrent le peu de cas qu'il fait de l'organisation ouvrière.

Il résultait de cet état de choses que des membres du Parti voulaient nous imposer un mariage. Nous n'en voulions pas. C'est la guerre qui allait éclater. Et la déclaration en avait été faite par ceux-là qui apportaient et soutenaient la résolution dite « de la Dordogne ».

Mais le Congrès socialiste de Nancy a eu plus de bon sens. Il a compris que les syndicats ont trop l'habitude de la liberté pour accepter une tutelle quelconque et il a rejeté, à une majorité accrue, la tentative des guesdistes.

La leçon à retirer de ces incidents, c'est que les syndicats sont majeurs, et qu'à leur faire la chasse, on risque de les avoir, non avec soi, mais contre soi.

V

L'INTERNATIONALE SYNDICALE

1° Le syndicalisme français et l'Internationale syndicale

L'originalité du syndicalisme français est frappante dans l'Internationale syndicale. Il a devancé, par une marche si rapide, la plupart des mouvements syndicaux des autres pays, que ceux-ci ne peuvent ni le suivre ni le comprendre. D'où fatalement un antagonisme qui fait éclater plus encore l'opposition existant entre la classe ouvrière française organisée sur le type nouveau et les diverses classes ouvrières des autres nations groupées sur les types anciens.

Le différend qui a éclaté depuis quelque temps déjà entre le syndicalisme français et le Bureau syndical international en est la meilleure preuve. On sait que le Bureau syndical international et la Confédération Générale du Travail ne sont pas d'accord sur le but et le travail des conférences périodiquement tenues entre les secrétaires des groupements ouvriers nationaux.

Le syndicalisme allemand, qui a le siège du Bureau syndical international, et, à sa suite, les autres pays, ont de l'action syndicale une conception qui, en toute logique, fait des organisations ouvrières les vassales des partis politiques. Le syndicalisme français, au contraire, sans s'opposer aux partis, qu'il n'a pas à connaître, attache à l'action syndicale une prépondérance incontestable.

Ces conceptions, résultant de causes diverses, dénotent des états d'esprit différents, qui, dans les discussions, ne peuvent que se heurter. Et le plus curieux est de voir la totalité des comités syndicaux centraux des autres pays refusant la discussion, alors que le seul pays possédant une mentalité différente la recherche ! On pourrait croire que ce dernier, afin de ne pas être imprégné des idées régnant dans les autres nations, recule devant l'exposé des conditions de lutte qui l'agitent et l'inspirent. Il n'en est rien. Le syndicalisme français désire — et ce n'est pas d'aujourd'hui — des contacts internationaux mettant en présence de nombreux délégués de toutes corporations, afin d'établir ces liens que chacun affirme indispensables, et de discuter les questions intéressant la classe ouvrière toute entière.

Les autres pays, et à leur tête l'Allemagne ouvrière, veulent simplement la réunion des secrétaires nationaux de chaque pays, pour y résoudre des points d'ordre organique et administratif. Quant aux questions posées par la vie ouvrière, elles devront être résolues par ces assemblées de médecins, d'avocats, de rentiers, de propriétaires, de commerçants, etc..., que sont les Congrès politiques internationaux !

La France syndicale n'a jamais songé à contester aux partis politiques le droit de se réunir internationale-

ment, mais elle affirme le droit pour la classe ouvrière
d'avoir à son tour, et en pleine indépendance, des rapports internationaux. En affirmant ce droit, elle n'entend pas imposer aux organismes syndicaux des autres
pays la participation à un Congrès syndical international ; elle n'entend pas non plus leur interdire la participation aux Congrès politiques. Elle dit, *imitant* l'Allemagne, qu'elle ne prendra pas part à des conférences
dont l'utilité, après celles qui ont été tenues, apparaît
fort contestable, et elle se refuse à reconnaître la légi-
timité d'une résolution allemande qui interdit à tout
jamais des discussions appartenant essentiellement au
domaine syndical, et qui proclame que seuls ont le droit
de les aborder et de les résoudre des Congrès politiques
auxquels la France syndicale ne veut pas participer.

Et si l'on tient compte que la résolution allemande a
été motivée, comme l'a dit un délégué, par l'attitude de
la France syndicaliste, il en faut déduire qu'un des buts
des conférences est de donner aux Congrès politiques
le relief et l'autorité qui leur assureront la prépondérance sur les Congrès syndicaux et d'amener la France
ouvrière au respect de leurs résolutions.

A ce sujet, les préoccupations allemandes se sont fait
nettement jour à la Conférence syndicale internationale de Christiana du mois de septembre 1907, dont il
nous reste à parler.

2° *Les conférences syndicales internationales*

Posons les points du différend. La besogne faite aux
conférences de Stuttgart (1902) et de Dublin (1903) avait
trait à la constitution du Secrétariat syndical international, à la délimitation de ses attributions, et à l'établissement des relations pour l'aide mutuelle entre les
organisations des divers pays. Des publications devaient
être faites sur l'état de chaque corporation, relativement aux services que chacune d'elle comprend, à leur
encaisse, tant en recettes qu'en dépenses — ces services étant : caisse de chômage, de grève, de maladie,
de décès, etc.

Puis, il était décidé de publier chaque année un rapport sur le mouvement syndical dans chaque pays ; les agitations poursuivies, les grèves soutenues, les résultats obtenus y seraient mentionnés.

Comme délégué de la France syndicale à ces deux conférences, nous avions participé à ce travail constitutif. L'œuvre nous intéressait dans plusieurs de ses parties et nous étions disposé à nous prêter à la plus grande somme de réalisation. En un mot, malgré les incidents fort regrettables qui marquèrent la conférence de Dublin, malgré le ridicule et l'indifférence qui entoura ses travaux, nous nous montrions satisfait.

Nous l'avons dit à plusieurs reprises dans la *Voix du Peuple* et dans le *Mouvement socialiste* (n° 127, 1er septembre 1903). Et cependant la conférence de Dublin n'était pas de nature à enthousiasmer. On s'en rendra compte au seul rappel de son travail.

La conférence commença à deux heures et se termina à cinq heures. Elle dura trois heures, y compris le discours d'ouverture et le temps nécessaire aux traductions. C'était vraiment trop peu pour légitimer un voyage de plusieurs jours et fort coûteux !

En nous rendant à la conférence, à deux heures, nous n'avions pas espéré l'avoir terminée à cinq heures, de sorte que nous avions laissé à notre hôtel un rapport sur l'*antimilitarisme* et la *grève générale*. Ce rapport était imprimé en anglais, en allemand et en français. Notre intention était de le déposer à la fin de la conférence, en demandant l'inscription à l'ordre du jour de la conférence suivante des deux points qu'il soulevait. La mauvaise organisation de la conférence de Dublin, dont le mieux est de n'en pas dire plus, et l'insuffisance du travail contrarièrent nos projets. Nous ne pûmes que le lendemain remettre nos rapports aux délégués que nous rencontrâmes. Si, à Dublin, il nous avait été possible de remplir notre mandat, peut-être le différend actuel n'eût-il pas pris le caractère qu'il revêt !

Néanmoins, lorsque nous fûmes de retour en France, il fut convenu au Comité confédéral que les incidents dont nous avions été les témoins ou les auteurs ne seraient pas rendus publics. Nul de nous ne voulait diminuer l'intérêt de ces *premières rencontres internales*. Nous supposions que ces incidents étaient dus à notre inexpérience. En un mot, ce n'était pas le travail fait que nous considérions comme une grande valeur, mais plutôt la création d'un lien international et des avantages que l'on en tirerait dans l'avenir.

Ainsi donc, le peu de travail réalisé n'était et ne pouvait être à nos yeux qu'un travail préparatoire.

En nous *montrant* satisfait, nous n'entendions pas dire, par conséquent, que la besogne était suffisante, et dans le numéro du *Mouvement Socialiste* que nous venons de rappeler, nous écrivions, en conclusion du du compte rendu de la conférence de Dublin, vingt mois avant celle d'Amsterdam (1905) :

Telle est la besogne qu'il importait d'accomplir dans les réunions internationales, *mais qu'il faudra compléter dans les futures conférences*, car elle serait insuffisante pour alimenter toujours l'examen et la discussion. Comment sera-t-elle complétée ? Il serait prématuré d'établir des prévisions. Il suffit, pour l'instant, de savoir qu'une base de discussion plus large est nécessaire. C'est aux pays eux-mêmes qu'il appartient de la poser.

Dès que la Confédération Générale du Travail eut connaissance de la date de la conférence d'Amsterdam, le Comité confédéral décida de porter à son ordre du jour les deux points cités plus haut en y adjoignant celui relatif à la journée de huit heures.

Le secrétaire international fut saisi du désir du Comité confédéral par une lettre qui posait l'inscription des points à l'ordre du jour comme condition de notre participation à la conférence, et qui se terminait ainsi :

Nous n'avons pas la prétention de demander qu'on *accepte le propositions* que nous pouvons faire; il suffit qu'on veuille nous entendre. Libre *ensuite à chacun de donner aux idées émises et discutées la suite jugée bonne.*

A cette lettre, le secrétaire objecta que les points

soulevés sortaient du cadre de la conférence et qu'il ne pouvait les inscrire. Il lui fut répondu que, sa fonction étant celle d'un « transmetteur », il n'avait pas à opposer un *veto*. Alors le secrétaire crut habile de consulter les organisations des autres pays sur la demande de la Confédération Générale du Travail, *en faisant connaître son avis*. La lettre qui contenait les réponses des pays ne parvint pas à la Confédération Générale du Travail, par insuffisance d'adresse, de sorte que la France ne fut pas représentée à la conférence d'Amsterdam de 1905.

Les secrétaires nationaux réunis approuvèrent le secrétaire international et, sur la proposition de l'Allemagne, ils décidèrent que :

Sont exclues des discussions toutes les questions théoriques et toutes celles qui ont trait *aux tendances et à la tactique* du mouvement syndical dans les différents pays...

Il *semble* résulter de cette résolution que toute question ayant trait aux méthodes de propagande, de lutte, aux idées générales et aux conceptions des syndicats de chaque pays ne serait jamais abordée, chaque nation étant jugée libre de mener l'action syndicale dans les conditions reconnues bonnes par elle. C'était, par conséquent, l'affirmation claire et nette d'une Internationale formée de nations restant impénétrables les unes aux autres et dont la besogne serait maintenue dans des limites sauvegardant à chacune d'elles l'autonomie la plus absolue. La conférence disait à la France : « Toute question portant sur la tactique et les conceptions propres à vos syndicats ne saurait intéresser nos organisations : gardez vos tendances, nous gardons les nôtres ! »

On verra plus loin que les mêmes secrétaires nationaux n'ont pas craint de violer, à la conférence de Christiana, leur propre résolution. Ils ont par là montré le mobile qui les guidait et les préoccupations qui les agitent.

En janvier 1906, au moment où chacun escomptait, à propos du Maroc, un conflit entre la France et l'Allemagne, le signataire de ces lignes fut mandaté par la

Confédération Générale du Travail pour aller à Berlin proposer l'organisation de démonstrations simultanées à Paris et à Berlin, afin de permettre à la classe ouvrière de manifester son horreur de la guerre. Des délégués *étaient mis à la disposition* des camarades allemands pour prendre part à la démonstration de Berlin, et une demande ferme de délégués allemands pour participer à celle de Paris était faite au nom de la Confédération Générale du Travail.

Le délégué des syndicats français se heurta à Berlin à un refus, motivé, lui dit-on, par l'interdiction que fait la loi aux syndicats allemands de participer à des manifestations de ce genre. Le délégué fut renvoyé au parti socialiste, mais comme il faisait remarquer que sa délégation avait pour objet de se mettre en rapport avec l'organisation syndicale, les camarades allemands se décidèrent à aller demander à la social-démocratie de prendre en mains la préparation de la manifestation. Par courtoisie, le délégué français les accompagna auprès de la social-démocratie, en spécifiant bien le caractère officieux de sa démarche.

Après avoir expliqué l'objet de son voyage au député Singer, celui-ci lui demanda si les syndicats français organisaient la démonstration en accord avec le parti socialiste. Le délégué répondit par la négative, en déclarant que, les groupements nationaux étant autonomes, la France syndicale entendait rester maîtresse de son action, et que nulle condition ne pouvait lui être posée. En retour, les syndicats français ne faisaient aucune objection à ce que les syndicats allemands fissent accomplir leur besogne par le parti socialiste.

Le délégué français, soucieux de l'autonomie de chacun, respectait ainsi le droit pour l'Allemagne d'agir à sa guise; il se bornait à réclamer le même respect pour le droit de la France. Nous laissons le soin au lecteur d'apprécier l'attitude de la Confédération Générale du Travail et celle de la Commission Générale des syndicats allemands.

Le délégué revint donc à Paris, rapportant un refus

catégorique. Ayant rendu compte de sa mission au Comité confédéral, celui-ci constata, une fois de plus, l'inefficacité des rapports internationaux actuels, et il décida de ne plus avoir de relations régulières avec le Bureau syndical international, tout en continuant à acquitter les cotisations imposées.

Le Congrès syndical d'Amiens de septembre 1906 examina, on s'en souvient, la question des rapports internationaux et, après une discussion fort longue, il adopta le texte suivant :

Le Congrès, après avoir entendu critiques et réponses sur le passage du rapport relatif aux « rapports internationaux », approuve l'attitude du Comité confédéral d'avoir momentanément suspendu les relations avec le secrétariat international qui a refusé d'inscrire, à l'ordre du jour des conférences internationales, les questions de la grève générale, la journée de huit heures et l'antimilitarisme.

Il invite le Comité confédéral à reprendre à nouveau les relations avec le secrétariat international en demandant à nouveau l'inscription à l'ordre du jour des questions précédemment refusées.

L'addition suivante fut également adoptée :

Au cas où le secrétariat international s'y refuserait, s'abritant derrière la motion adoptée à Amsterdam, dont il ne voudrait pas demander l'annulation à la prochaine conférence, le Comité confédéral est invité à entrer en rapports directs avec les autres centres nationaux affiliés, en passant par dessus le secrétariat international.

En conformité de ce vote, le Comité confédéral devait, à la veille de la conférence syndicale de Christiania, poser à nouveau la question.

C'est ce qui fut fait, et comme il ressortait, d'après les déclarations qui furent faites, que le Bureau international ne demanderait pas l'annulation de la résolution d'Amsterdam, une circulaire dont voici le texte fut adressée aux groupements des pays affiliés, pour leur soumettre les raisons de l'abstention de la France :

28 août 1907.

Camarade secrétaire,

Comme vous, la Confédération Générale du Travail de France a reçu du Bureau international une invitation à se faire représenter à la Conférence internationale qui se tiendra le 16 septembre, à *Christiania*.

Cette invitation ayant été soumise au Comité confédéral, celui-ci, s'inspirant du vote émis à son Congrès national, qui s'est tenu à *Amiens*, en septembre 1906, a décidé de ne pas se faire représenter à Christiania, mais en même temps de faire connaître aux organisations ouvrières des différentes nationalités les motifs de sa non participation.

Vous vous rappelez sans doute, camarade, certains incidents de la Conférence de Dublin (1903) sur lesquels nous ne voulons pas revenir. A cette Conférence, nos délégués avaient mandat de présenter un rapport sur l'antimilitarisme et sur la grève générale, rapport avec texte en français, en allemand et en anglais, qui, par suite du mauvais fonctionnement de cette Conférence, ne put pas même être déposé.

Lorsque nous parvint l'invitation d'assister à la Conférence d'Amsterdam (1905), le Comité confédéral fut amené à poser comme condition de sa participation, la mise en discussion des deux questions rappelées plus haut, auxquelles, vu l'actualité, était ajoutée la « journée de huit heures ».

Nos propositions transmises au secrétaire international le camarade Legien, celui-ci répondit par un refus. Cependant, devant l'insistance du Comité confédéral, il consentit à consulter les Centres syndicaux nationaux.

Toutefois, au lieu de conserver la neutralité qui convenait en la circonstance, le camarade Legien voulut influencer la décision à intervenir en faisant connaître son avis, en même temps qu'il envoyait le referendum. Aucune réponse n'étant parvenue en France, une lettre envoyée au dernier moment par Legien lui fut retournée pour insuffisance d'adresse. La Confédération Générale du Travail de France ne crut pas devoir se faire représenter à Amsterdam. A cette Conférence, le secrétaire international proposa et fit décider, au nom de l'Allemagne, que désormais les Conférences internationales ne seraient plus appelées à discuter des questions de principe et qu'elles se borneraient à étudier des points d'administration syndicale. Dans cette décision, les organisations ouvrières françaises virent une violation de l'autonomie des organisations nationales, et aussi l'inutilité des Conférences organisées dans ces conditions.

Tel était l'état de la question au moment où les syndicats français tinrent, à *Amiens*, en septembre 1906, leur Congrès national ; approuvant pleinement son Comité, ledit Congrès adopta à la presque unanimité l'ordre du jour suivant :

« Le Congrès, après avoir entendu critiques et réponses sur le passage du rapport relatif aux « Rapports internationaux », approuve l'attitude du Comité confédéral d'avoir momentanément suspendu les relations avec le secrétariat international, qui a refusé d'inscrire à l'ordre du jour des Conférences internationales, les questions de la grève générale, la journée de huit heures et l'antimilitarisme.

« Il invite le Comité confédéral à reprendre les relations avec le Secrétariat international, en demandant à nouveau l'inscription à l'ordre du jour des questions précédemment refusées. »

C'est dans ces conditions que la Confédération Générale du Travail, tenue par les décisions de son Congrès national, vient vous demander, camarade, de bien vouloir faire que la Conférence qui va s'ouvrir à Christiania annule la décision prise à Amsterdam, et que le Secrétaire international reçoive le mandat de porter à l'ordre du jour de la Conférence qui suivra les questions de la grève générale, de la journée de huit heures et de l'antimilitarisme.

La C. G. T. ne saurait, en effet, admettre, en dehors d'un refus formel opposé à la demande d'inscription d'une question ouvrière, qu'une Conférence limite par une résolution le champ d'activité des futures Conférences. Elle estime que poser une barrière à toute discussion, c'est rendre les Conférences peu intéressantes, sinon inutiles.

Pour le Comité de la C. G. T.,
Le Secrétaire, V. Griffuelhes

3° *Les contradictions de la conférence de Christiania*

Les groupements nationaux des pays affiliés se sont prononcés à la conférence de Christiania. Ils ont, par une résolution nouvelle, confirmé le vote d'Amsterdam, *tout en le violant*. Leur attitude est plutôt étrange, et on reste interdit devant la maladresse commise par les délégués. On va en juger par les explications suivantes.

Sans s'arrêter au rôle que doivent jouer les conférences syndicales internationales, en présence du texte de la conférence d'Amsterdam, il était permis de croire que, de très bonne foi et sans arrière-pensée, les délégués avaient considéré les questions relatives *aux tendances et à la tactique* comme dangereuses pour la bonne entente nécessaire à l'établissement de rapports internationaux. En effet, les personnes non initiées pouvaient croire que chacun était animé du seul souci d'écarter de la discussion des questions passionnées. Le texte de la conférence de Christiania leur apporte une déception.

Les questions de tactique seront abordées lorsque leur objet plaira aux délégués! Ainsi *la grève générale, l'antimilitarisme, les huit heures* sont autant de points dont l'examen déplaît. Au contraire, la question *de tactique et de tendances* qui a trait *aux rapports à établir entre le Parti socialiste et le mouvement syndical* est abordée et résolue, *sans qu'elle ait été portée à l'ordre du jour!*

Si nous n'apportions pas le texte de la conférence de Christiania, bien des lecteurs se résoudraient difficilement à comprendre pareille contradiction et semblable incohérence. Mais ceux qui connaissent l'état de la propagande et de l'organisation dans chaque pays ne seront pas autrement surpris.

Le texte dont il s'agit trace aux syndicats français une tactique : *celle de marcher avec le Parti socialiste.* Or, c'est bien une question que le texte d'Amsterdam met *hors de toute discussion.* Pourquoi dans ce cas l'avoir abordée et résolue? Voilà une question à laquelle il faudra répondre.

L'injure ne saurait suppléer aux arguments et, quelle que soit notre dose d'imbécillité et d'inconscience, notre cerveau est pourtant apte à apercevoir dans toute attitude discourtoise une preuve de faiblesse.

Voici le texte de la conférence de Christiania, tel que l'a publié le *Peuple* de Bruxelles :

La Conférence internationale des représentants des syndicats d'Angleterre, de Hollande, de Belgique, du Danemark, de Suède, de Norwège, de Finlande, d'Allemagne, d'Autriche, de Hongrie et d'Italie, délégués à Christiania, les 15 et 16 septembre 1907, s'est occupée de nouveau de la proposition formulée par la Confédération Générale du Travail (France), proposition tendant à mettre à l'ordre du jour de la Conférence la question de l'antimilitarisme et de la grève générale ;

La Conférence reproduit sa résolution, adoptée à Amsterdam, d'après laquelle les Conférences internationales ont pour mission :

« De discuter le rapprochement de plus en plus étroit des associations professionnelles de tous les pays, la rédaction des statistiques syndicales uniformes, le soutien mutuel des luttes économiques, ainsi que toutes les questions qui se trouvent en relations immédiates avec l'organisation syndicale de la classe ouvrière ;

« Mais elle exclut du débat toutes les questions théoriques, ainsi que celles qui concernent les tendances et la tactique du mouvement syndical dans les divers pays. »

La Conférence considère les questions de l'antimilitarisme et de la grève générale comme des objets qui ne relèvent pas de la compétence des fonctionnaires syndicaux, mais dont la solution incombe exclusivement à la représentation intégrale du prolétariat international, aux Congrès socialistes internationaux convoqués périodiquement — d'autant plus que les deux questions ont été résolues, à Amsterdam et à Stuttgart, conformément aux circonstances ;

La Conférence regrette que la Confédération n'ait pas voulu comprendre que l'attitude de la Conférence internationale des représentants des centrales nationales a été parfaitement correcte ; qu'elle ait prétexté de cette attitude pour rester étrangère à notre organisation internationale ;

La Conférence *prie instamment la classe ouvrière de France* d'examiner ces questions susdites de concert *avec l'organisation politique* et ouvrière de son propre pays, et, par *une adhésion aux Congrès socialistes internationaux*, de collaborer à la solution de ces questions, et, dans la suite, de s'affilier à l'organisation syndicale internationale, dans le but de résoudre les problèmes syndicaux.

La finale de ce texte dit clairement à la France syndicale : « Changez la *tactique* affirmée au récent Congrès ouvrier d'Amiens, et qui provient de la *tendance* donnée à votre mouvement syndical ! Allez dans les Congrès politiques internationaux pour collaborer à la même besogne que les Partis socialistes ? »

Ainsi les délégués sont pris à leur propre piège. Ils en sont réduits à produire la plus criante contradiction qui soit, c'est-à-dire proclamer à la fin d'une résolution le contraire de ce que dit la première partie.

4° *L'attitude des syndicats français*

On pourrait croire que la besogne faite par les deux premières conférences a reçu — en dehors du Comité confédéral — des grandes organisations françaises, un bon accueil. Qu'on en juge.

Lorsque le Bureau syndical international transmit aux groupements des divers pays un modèle de questionnaire à remplir par les organismes nationaux, à l'effet de dresser les statistiques dont la publication avait été décidée à la Conférence de Stuttgart, le bureau de la Confédération du Travail, selon l'avis du Comité confédéral, s'empressa de le soumettre aux intéressés.

Mais très peu répondirent à ce questionnaire, et les Fédérations qui le firent ne possédant pas de caisse de chômage, de maladie, de décès, etc., ne purent donner que des matériaux insuffisants. Une seule Fédération syndicale a, chez nous, différents services, et elle ne donna pas signe de vie.

Plus tard, afin d'établir le rapport annuel sur le mouvement syndical, dont la publication avait été décidée à Dublin, une nouvelle circulaire fut adressée aux Fédérations françaises. Une demi-douzaine seulement en tinrent compte. Les autres estimaient, comme pour le questionnaire rappelé ci-dessus, que pareille besogne était ou inutile ou insuffisante. Par leur attitude, les organisations disaient nettement que l'œuvre des Conférences syndicales internationales étaient pour elles sans intérêt.

Le Comité confédéral s'est borné à enregistrer, comme c'était son devoir, pareil état d'esprit. A cela s'est borné son rôle.

Est-ce à dire que ces organisations soient hostiles à tout rapport international ? Non pas. Mais elles attachent à ces rapports un sens et des attributions particuliers. Un grand nombre, parmi elles, voudraient voir se tenir des *Congrès internationaux de tous les syndicats*. Celles-là estiment qu'il y a un travail à accomplir, travail ressortissant bien mieux de leur fonction que de celle des congrès socialistes politiques.

En signalant l'attitude des délégués à la Conférence de Christiania, dont le but est d'influer sur la tactique de nos syndicats, nous n'entendons pas leur adresser le moindre grief. Nous considérons que les groupements des divers pays ont le droit de s'efforcer de donner à notre action le caractère qu'ils ont choisi ; nous demandons en retour l'exercice d'un *droit identique*.

Nous voulons faire pénétrer nos idées dans les pays voisins ; ceux-ci veulent faire pénétrer les leurs chez nous. Qu'il y a-t-il à cela de répréhensible ?

Comme le disait la lettre de la Confédération Générale du Travail dont nous avons reproduit le texte, les groupements nationaux sont libres dans le choix des moyens qu'ils jugent utiles pour le développement et l'exercice de l'action syndicale. Et leur liberté restant entière, que craint-on de l'examen de questions jusqu'ici condamnées et flétries ?

Puisque chacun croit que sa méthode est la meilleure, nul ne doit reculer devant les comparaisons. Pour notre part, aucune comparaison ne nous effraye, malgré que chaque jour on s'efforce de proclamer notre « inexistence ». Et si nous n'existons pas, pourquoi, à la conférence d'Amsterdam, prendre une résolution inspirée par notre attitude ?

On ne veut pas de notre antimilitarisme, de notre conception de la patrie, et pourtant, comment veut-on que nous soyons attaché à un pays qui donne tant de preuves d'impuissance et d'incapacité ? C'est donc que cette patrie ne mérite pas de grands sacrifices ! Telle est, sans doute, la raison qui fait que, pour nous, il n'est pas « d'ennemi héréditaire ».

5° *La liberté des tendances*

Un dernier grief est formulé contre la Confédération Générale du Travail. On lui reproche d'avoir posé ses conditions et de se tenir à l'écart des Conférences internationales, uniquement parce que les Conférences lui paraissent inutiles. Or, par deux fois, l'Allemagne ouvrière a déclaré qu'elle ne prendrait pas part à des délibérations dont le caractère lui déplaisait. C'était en 1904, bien avant qu'il fut question de la Conférence d'Amsterdam ; le Comité confédéral, les deux sections réunies, avait, à l'unanimité, décidé de proposer aux pays la tenue d'une Conférence internationale, à l'effet de connaître l'attitude que la classe ouvrière de chaque nation tiendrait, en cas d'une guerre européenne.

Nous étions au début de la guerre russo-japonaise ; la presse française travaillait l'opinion pour amener l'intervention de la France en faveur de la Russie. Les lecteurs peuvent, par l'esprit, se reporter à cette période de fièvre qui a provoqué de la part du citoyen Vaillant le cri répété depuis : « Plutôt l'insurrection que la guerre ».

L'Allemagne ouvrière répondit qu'elle se refusait d'une façon absolue à participer à une Conférence ayant un pareil objet. Cette attitude fut transmise aux autres nations, dont la majorité refusa la tenue de la Conférence.

A Amsterdam, le délégué allemand déclara : « L'Allemagne ne prendra part qu'à la délibération de questions pratiques ou de telles questions théoriques qui regardent les syndicats tout directement, comme celle des secours aux sans-travail, etc... »

Ainsi, la volonté des syndicats allemands est de ne pas participer à une Conférence qui traiterait de questions sortant du cadre *tracé par eux*.

On conviendra que si l'Allemagne ouvrière est libre de participer à une Conférence discutant seulement des points qui l'intéressent, la Confédération Générale du Travail a la même liberté. Du moins, si on nous la conteste, nous la revendiquons et nous en usons.

Quelques esprits se demandent ce qu'il adviendra des rapports entre le Bureau syndical international et la Confédération Générale du Travail. Il serait prématuré de l'indiquer, car toute solution dépend, non pas de nous, mais des syndicats des autres pays. Pour notre part, nous estimons que, si aucun changement ne se produit, il y a lieu de rester dans le *statu quo*. La raison d'être du syndicalisme français n'est-elle pas d'affirmer hautement les nouvelles tendances ouvrières, en face des vieux dogmes de l'Internationals syndicale?

Imprimerie Coopérative Ouvrière   Villeneuve-St-Georges (S.-et-O.)

TABLE DES MATIÈRES

BIBLIOTHÈQUE

DU

MOUVEMENT SOCIALISTE

La Bibliothèque du Mouvement Socialiste a pour but de compléter l'œuvre d'information ouvrière et de discussion socialiste que poursuit la Revue.

Elle paraît en fascicules de 64 pages au moins et du prix de 0 fr. 60. Elle comprend des études descriptives, historiques, documentaires, théoriques, critiques, biographiques, etc.

Par son format commode et son prix minime, elle s'adresse surtout à ceux qui n'ont pas la possibilité d'aborder les gros livres et de rechercher les études particulières [illegible]

BIBLIOTHÈQUE
DU
MOUVEMENT SOCIALISTE